Dieta Cetogènica y Ayuno Intermitente

Una guía completa para bajar de peso, comer sano y controlado al bajar de peso rápidamente

Por

Kyndra Backer

Copyright 2021 por Kyndra Backer - Todos los derechos reservados.

Este Libro se proporciona con el único propósito de proporcionar información relevante sobre un tema específico para el cual se han hecho todos los esfuerzos razonables para asegurar que sea tanto exacta como razonable. Sin embargo, al comprar este libro electrónico usted consiente el hecho de que el autor, así como el editor, no son de ninguna manera expertos en los temas aquí contenidos, independientemente de cualquier afirmación como tal que se pueda hacer dentro. Por lo tanto, cualquier sugerencia o recomendación que se haga en este libro se hace únicamente con fines de entretenimiento. Se recomienda que siempre consulte a un profesional antes de emprender cualquier consejo o técnica que se discuta en este documento.

Se trata de una declaración jurídicamente vinculante que tanto el Comité de la Asociación de Editores como la Asociación de Abogados de los Estados Unidos consideran válida y justa y que debe considerarse jurídicamente vinculante en los Estados Unidos.

La reproducción, transmisión y duplicación de cualquiera de los contenidos que se encuentran en este documento, incluida cualquier información específica o ampliada, se hará como un acto ilegal independientemente de la forma final que adopte la información. Esto incluye versiones copiadas de la obra tanto físicas como digitales y de audio, a menos que se proporcione previamente el consentimiento expreso del editor. Se reservan todos los derechos adicionales.

Además, la información que se encuentre en las páginas descritas se considerará exacta y veraz cuando se trate de relatar los hechos. Por lo tanto, cualquier uso, correcto o incorrecto, de la información proporcionada liberará al Editor de responsabilidad en cuanto a las acciones tomadas fuera de su ámbito directo. Independientemente de ello, no hay ningún escenario en el que el autor original o el Editor puedan ser considerados responsables de ninguna manera por cualquier daño o dificultad que pueda resultar de cualquiera de las informaciones aquí discutidas.

Además, la información que figura en las páginas siguientes tiene fines exclusivamente informativos y, por lo tanto, debe considerarse universal. Como corresponde a su naturaleza, se presenta sin garantías sobre su validez prolongada o su calidad provisional. Las marcas comerciales que se mencionan se hacen sin consentimiento escrito y no pueden considerarse en modo alguno como una aprobación del titular de la marca.

ÍNDICE

KETO PARA LAS MUJERES

INTRODUCCIÓN 11

CAPÍTULO 1: ¿QUÉ ES LA DIETA CETOGÉNICA? 14

CAPÍTULO 2: ¿QUÉ SON LAS CETONAS? 19

CAPÍTULO 3: ¿QUÉ LE PASA A TU CUERPO CUANDO TE VAS A KETO? 24

    Diferencias entre la cetosis y la cetoacidosis 24
    Beneficios de la cetosis 24
    Riesgos de la cetosis 25

CAPÍTULO 4: CURA TU CUERPO 28

CAPÍTULO 5: ¿ES KETO PARA TI? 32

CAPÍTULO 6: BENEFICIOS DE LA DIETA CETOGÉNICA PARA LAS MUJERES ... 35

CAPÍTULO 7: USO DE LA DIETA KETO PARA CONTROLAR O PREVENIR LAS CONDICIONES RELACIONADAS CON LA EDAD 38

CAPÍTULO 8: APOYO A LOS SISTEMAS CORPORALES BÁSICOS 42

CAPÍTULO 9: PREVENCIÓN DE LA DIABETES 45

    ¿Qué es la diabetes? 45
    Tipos de diabetes 45
    ¿Es la dieta Keto adecuada para las personas con diabetes? 48
    ¿Puede la dieta Keto prevenir la diabetes? 48

CAPÍTULO 10: INTERCAMBIO ALIMENTICIO A TRAVÉS DEL CICLO MENSTRUAL ... 50

CAPÍTULO 11: DIETA CETOGÉNICA Y FERTILIDAD 54

CAPÍTULO 12: RECETAS BÁSICAS 60

    Tortillas Keto con linaza 61
    Tortilla Keto con harina de almendras y coco 62
    Empanadas de carne de Keto 63
    Keto Pizza 64
    Crema Keto de champiñones con espinacas 66

CAPÍTULO 13: ELECCIÓN DE ALIMENTOS 68

CAPÍTULO 14: DESAYUNO 73

    Tazas de huevo, jamón y queso 73
    Pimientos rellenos 74

CAPÍTULO 15: ALMUERZO 76

    Ensalada de huevo Cobb 76
    Aguacates rellenos 77

    Keto Bacon Sushi *79*

CAPÍTULO 16: CENAS 82
    Pechugas rellenas de salsa de pesto y queso mozzarella *82*
    Merluza con salsa Romesco y verduras *83*
    Tortilla de brócoli y salchichas *84*

CAPÍTULO 17: DIENTES DULCES, BOCADILLOS Y POSTRES 86
    Berenjenas Fritas *87*
    Bolas de tocino y queso Cheddar *87*
    Espinacas, alcachofas y salsa de queso crema *88*
    Pan de Focaccia con ajo y romero *89*
    Salchichas de estilo mexicano *89*
    Cubos de lechuga con ensalada de higo chumbo *90*
    Aceitunas preparadas *90*
    Trozos de coliflor con mantequilla de maní *91*
    Pinchos de acelgas con jamón y queso *92*
    Galletas de semillas crujientes y avena *92*

CAPÍTULO 18: KETO BEBE 94
    Keto Smoothie Chocolate *94*
    Smoothie para el desayuno *94*

CAPÍTULO 19: PLAN DE COMIDAS DE 7 DÍAS: 102
    Lunes *102*
    Martes *102*
    Miércoles *103*
    Jueves *103*
    Viernes *103*
    Sábado *103*
    Domingo *104*

CONCLUSIÓN 106

KETO Y AYUNO INTERMITENTE

INTRODUCCIÓN 109
CAPÍTULO 1: ¿QUÉ ES LA DIETA KETOGÉNICA? 113
    SIGNIFICADO DE KETO 115
    ¿QUIÉN DEBERÍA SEGUIR ESTA DIETA? 117
        Las personas con diabetes tipo 1 .... *117*
        Las personas con diabetes tipo 2 .... *118*

CAPÍTULO 2: MITOS DE KETO 119
CAPÍTULO 3: BENEFICIOS DEL USO DE KETO 123
CAPÍTULO 4: CETOSIS Y SALUD MENTAL 127

CAPÍTULO 5: NUTRICIÓN KETOGÉNICA 131
¿Qué pasos deben seguirse para el correcto funcionamiento de esta dieta? 133
Tipos de Dieta Ketogénica 134
Dieta Citogenética Cíclica 134
Dieta cetogénica estándar 134
Dieta cetogénica de alta proteína 134
Dieta citogenética adaptada 135

CAPÍTULO 6: AYUNO INTERMITENTE 136
Ayuno intermitente (IF) 137
Ayuno periódico (PF) 138
Intermedio 24/7 Ayuno 138
¿Qué es la autofagia? 139

CAPÍTULO 7: BENEFICIOS DEL AYUNO 142
Las ventajas del ayuno 142

CAPÍTULO 8: AYUNO PARA LA PÉRDIDA DE PESO 147

CAPÍTULO 9: ALIMENTOS INCLUIDOS EN EL AYUNO INTERMITENTE 152
¿Cuánto tiempo se recomienda continuar con la rutina de ayuno intermitente? 156

CAPÍTULO 10: AYUNO INTERMITENTE Y DIETA KETO 158

CAPÍTULO 11: BENEFICIOS ESPECÍFICOS PARA SU SALUD 164

CAPÍTULO 12: SUEÑO, ESTRÉS Y MENTALIDAD 170
Diferentes tipos de estrés 170
El estrés en nuestro cuerpo 172
Consejo para ser capaz de buscar soluciones fáciles a nuestras preocupaciones 174
Consejos para disminuir nuestras preocupaciones: 175
Paso 1: Empieza con lo que tienes 177
Paso 2: Disfrute de su comida 178
¿Qué sucede si no me gusta ningún alimento incluido en la dieta y no puedo comerlo? 179
Paso 3: Podemos hacerlo 179

CAPÍTULO 13: ESTILO DE VIDA Y RUTINA DIARIA 182

CAPÍTULO 14: RECETAS DE KETO PARA UN BUEN AYUNO 184
Caldo de hueso 184
Medallones de solomillo de ternera con coco 185
Pastel de coliflor 186

CAPÍTULO 15: RECETAS PARA EL DESAYUNO Y LOS BOCADILLOS 188
Desayuno 188
Keto Omelet 188
Huevos revueltos con queso Feta 190
Snacks 191
Patatas fritas de queso 191

CAPÍTULO 16: RECETAS PARA EL ALMUERZO Y LA CENA 193

Almuerzos 193
Keto Tacos 193
Hamburguesas bomba 194

Cenas 195
Ensalada Keto de brócoli 195
Pollo con tocino, queso y aderezo ranchero 197

CAPÍTULO 17: BEBIDAS Y POSTRES 199
Bombas de grasa de pelusa de mantequilla de maní 199
Tarta de queso Keto 200
Galletas de coco 201
Pastel de chocolate o pastel de cetolato 201
Galletas con chispas de chocolate 203

Otros tipos de bebidas Keto 204
Chocolate caliente 204
Keto Smoothie 204
Batido de fresa 205
Chia Shake 205
Batido Keto Green 206

CAPÍTULO 18: RECETAS DIFERENTES RÁPIDAS Y FÁCILES 207
Ensalada rápida 207
Tortilla de hongos 207
Comida de salmón ahumado y aguacate 208
Tocino crujiente 208
Carne de cangrejo y huevo 209

CONCLUSIÓN 210

Keto para las mujeres

La guía definitiva para conocer sus necesidades alimentarias, pérdida de peso, prevención de la diabetes y energía ilimitada con recetas de dietas cetogénicas con alto contenido de grasas para mujeres ocupadas

Kyndra Backer

INTRODUCCIÓN

Felicitaciones por la compra de Keto para las mujeres: La guía definitiva para principiantes para conocer sus necesidades alimenticias, la pérdida de peso, la prevención de la diabetes y la energía ilimitada con recetas de dieta cetogénica de alto contenido graso y gracias por hacerlo.

Los siguientes capítulos le proporcionarán toda la información, hechos y explicaciones científicas necesarias para conocer y dominar la dieta keto. Encontrará la explicación detallada de en qué se basa la dieta cetogénica, qué son las cetonas, qué ocurre en su cuerpo cuando se va a la ceto, cómo la dieta cetogénica sanará y mejorará muchos de los procesos y órganos de su cuerpo, cómo la dieta cetogénica es bastante buena para las personas que sufren de diabetes, síndrome de ovarios poliquísticos, convulsiones y Alzheimer, los beneficios especiales de la dieta cetogénica en las mujeres, cómo reduce y previene las condiciones relacionadas con la edad y mucha otra información importante e interesante.

Si vino aquí es porque está interesado en cambiar sus planes de alimentación, sus hábitos, su cuerpo, su estilo de vida y muchas otras cosas. Déjenos decirle que ha venido al lugar correcto. Queremos advertirle que este puede ser un proceso difícil, algunas de las cosas escritas aquí pueden no funcionar igual para usted que para otra persona, por lo que queremos pedirle que vaya a ver a un especialista antes de hacer cualquier cambio en su alimentación.

Hay muchos libros sobre este tema en el mercado, ¡gracias de nuevo por elegir este! Se ha hecho todo lo posible para asegurar que esté lleno de tanta información útil como sea posible, ¡por favor disfrútenlo!

CAPÍTULO 1:
¿QUÉ ES LA DIETA CETOGÉNICA?

La Keto o dieta cetogénica consiste principalmente en la ingestión de un 75% de grasas, un 20% de proteínas biológicas de alto valor y un 5% de carbohidratos de bajo índice glucémico. Ese porcentaje debe aplicarse a cada comida. La gente que quiera empezar con esta dieta debe entender que no es una dieta, sino un nuevo estilo de vida y debe ser tomado como tal.

Queremos mencionar que este tipo de dieta tiene años en el mercado y ha sido objeto de investigación en muchas ocasiones, demostrando, en todos los casos, los maravillosos beneficios que tiene para la salud. Este plan de alimentación no sólo es para adultos, sino que también pueden utilizarlo niños y adolescentes, por lo que es muy recomendable.

La dieta Keto tiene sus inicios cerca de la década de 1920 y se hizo especialmente como un tratamiento para las personas que sufrían de convulsiones. Con el tiempo, y después de muchas investigaciones y estudios, la dieta sorprendentemente mostró resultados que eran realmente satisfactorios. El primer caso que posiblemente se haya registrado y en el que se aplicó la dieta cetogénica para pacientes epilépticos fue en 1911. La investigación fue dirigida por dos médicos franceses que eran Gulep y Marie. Trataron aproximadamente 20 personas, entre niños y adultos. El objetivo de la investigación fue aplicar este tipo de dieta, sumado an otros protocolos conocidos como ayuno intermitente.

También se sabe que la dieta cetogénica es muy popular por perder peso y reducir considerablemente los niveles de azúcar en la sangre, pero es importante saber que el azúcar, el gluten y otros componentes que no están dentro de los alimentos permitidos en esta dieta o método de nutrición cetogénica deben ser eliminados.

Como mencionamos anteriormente, la mayor parte de los alimentos que vamos a consumir son grasas saludables, como el aguacate, el tocino y los cacahuetes, por mencionar algunos de ellos. En los siguientes capítulos de este libro, podrá ver algunas recetas o planes que puede aplicar en esta dieta.

El objetivo que queremos lograr aplicando la dieta keto es alcanzar un estado metabólico en el que las cetonas sean la principal fuente de energía de nuestro cuerpo. Esto se logra siguiendo la dieta regularmente, con compromiso y disciplina.

Esta dieta no se basa en restricciones dietéticas, sino en cambios significativos en el estilo de vida y en los hábitos alimenticios, en los que vamos a eliminar de nuestro menú los alimentos procesados a base de harinas refinadas, azúcar y refrescos. Es una dieta que logra sanar maravillosamente y permite una adecuada regeneración celular, por lo que mejora e incluso elimina algunas enfermedades, si se aplica de manera evaluada con un especialista.

Y estos cambios en el organismo se deben a que este método de alimentación nos da las herramientas adecuadas para el mejor funcionamiento del entorno celular en nuestro organismo, y lo hace proporcionando aminoácidos, grasas esenciales para nuestro cuerpo, vitaminas y minerales. Esta dieta es asombrosa ya que no sólo permite perder peso, sino que también hace que se sientan niveles de energía que no se tenían antes.

Cualquier dieta puede ser cetogénica si se respetan sus bases y si tenemos el conocimiento de los procesos celulares y el metabolismo. Las dietas que pueden considerarse cetogénicas son aquellas que obligan a nuestro cuerpo a utilizar las grasas como fuente de energía. El ayuno puede considerarse cetogénico ya que, al pasar tantas horas sin comer, el cuerpo se queda sin glucosa y comienza a usar cetonas en su lugar. Conociendo esto, podemos decir que una dieta en la que la falta de carbohidratos es reemplazada por otros alimentos con alto contenido de nutrientes puede ser una dieta cetogénica

El objetivo principal de la dieta cetogénica es hacer que nuestro cuerpo entre en cetosis, reduciendo o disminuyendo a sólo un 5% la ingesta de carbohidratos. Esta es una dieta baja en carbohidratos, y rica en grasas que ha sido comparada varias veces con la dieta Atkins y otras dietas bajas en carbohidratos, por lo que compartimos la idea de que cualquier dieta en la que estos porcentajes de comida se distribuyan en cantidades similares son dietas cetogénicas, o como se abrevia, dietas cetogénicas.

Cuando empezamos con la dieta cetogénica, disminuimos el consumo de carbohidratos y los reemplazamos por grasas saludables. Una vez hecho esto, el cuerpo alcanzará o entrará en un estado metabólico llamado cetosis. En este estado, el cuerpo se volverá increíblemente eficiente, transformando las grasas de nuestro cuerpo en energía. Este proceso también convertirá la grasa acumulada en nuestro cuerpo en cetonas, suministrando así más energía al cerebro. Cabe señalar que este plan de alimentación genera niveles de energía más altos que los generados por los métodos de alimentación habituales.

Hay algunos alimentos que deben ser evitados cuando estamos implementando esta dieta; algunos de ellos son los siguientes:

- Alimentos con altos niveles de azúcar como refrescos, caramelos, zumos de fruta, pasteles (en este caso estaríamos hablando de pasteles hechos con harina refinada), y otros dulces.
- Alimentos derivados del trigo como el arroz, la pasta, los cereales o los almidones.
- Algunas frutas deben ser eliminadas debido a su alta cantidad de azúcares. Las únicas frutas que se permitirán son pequeñas proporciones de frutas del bosque como fresas, moras, kiwi.
- Las verduras o las legumbres. Dentro de esta clasificación están: las batatas, las zanahorias, la yuca, entre otras.
- Lentejas, garbanzos, frijoles o legumbres.
- Algunos tipos de salsas. Tendríamos que evaluar su preparación, así como los condimentos a utilizar. En la dieta del keto, se recomienda ampliamente el uso de condimentos naturales y sal marina principalmente.
- Las grasas saturadas son eliminadas de este plan. La ingesta de aceites refinados, como la margarina, la mayonesa, etc. está restringida o limitada.
- El consumo de alcohol se reduce. Ya que tiene un alto contenido de azúcar y carbohidratos. Hay algunas bebidas que están permitidas en porciones reguladas y en pequeñas cantidades.
- Los alimentos dietéticos se eliminan preferentemente, ya que en su mayoría y según varios estudios, tienen un alto contenido de azúcar. Recomendamos leer

muy bien las etiquetas de los productos que se consumen, ya que la mayoría de estos productos dietéticos son más dañinos que los regulares.

Del mismo modo, hay muchos alimentos que pueden ser consumidos en la dieta keto, la mayoría de estos alimentos tienen un alto contenido de nutrientes y vitaminas que restablecen el buen funcionamiento de cada uno de nuestros órganos.

Al entrar en este mundo, sabrás qué tipos de alimentos pueden ayudarte y aportar ciertos beneficios a órganos específicos. Por ejemplo, una verdura que se consume ampliamente en la dieta keto es la espinaca. Esta verdura tiene un alto contenido en magnesio que ayuda, entre otras cosas, an eliminar la fatiga y es un alimento vital para el cerebro. Al igual que las espinacas, hay muchos otros superalimentos que, si se aplica este sistema de alimentación consciente, se irán conociendo poco a poco.

Entre los alimentos que podemos consumir están los siguientes:

- Los vegetales bajos en carbohidratos. Preferentemente se recomienda consumir en mayores proporciones vegetales verdes, pero también se puede comer cebolla, cebolla de verdeo, tomate, pimientos, y otros
- Peces. Como el salmón, el atún, la lubina y una amplia gama de peces.
- También se permiten las carnes rojas, jamón, tocino, chuletas, cerdo, etc.
- Los huevos están ampliamente permitidos.
- Se permite el uso de mantequilla y cremas, preferiblemente las hechas con materiales orgánicos o se recomienda la leche de animales alimentados con pasto.
- También se permiten los quesos. Sin embargo, se suprimen los quesos que se procesan, por lo que se recomienda consumir queso mozzarella, queso de cabra, queso azul, etc...
- Los aceites saludables como el aceite de oliva extra virgen y el aceite de coco son muy utilizados, así como el aceite de aguacate.
- Los condimentos hechos naturalmente. Se recomienda utilizar preferentemente sal marina y sal del Himalaya, y también sazonar con verduras naturales como la cebolla verde y el cilantro, por ejemplo.

- Es aconsejable consumir agua. En cualquier plan de alimentación, el consumo de agua es necesario para el buen funcionamiento del intestino, y del organismo en general.
- Y, por último, pero no menos importante, las nueces. Deben ser consumidos de manera moderada. Los frutos secos que se pueden comer son semillas de lino, almendras, nueces, semillas de calabaza y semillas de chía.

Como han podido observar, la dieta cetogénica es estricta y debe ser seguida cuidadosamente si quieren que su metabolismo entre en cetosis. Cuando este plan de alimentación se utiliza para eliminar una enfermedad o mejorar la salud de un paciente es necesario seguirlo estricta y rigurosamente para que el cuerpo pueda alimentarse de la energía de las cetonas.

Tal vez los primeros días sean complicados, pero una vez que se pase por el proceso llamado "keto-adaptación", se verán los maravillosos beneficios de practicar esta dieta, en la que no se sentirá de ninguna manera la necesidad de consumir productos procesados, de hecho, hay informes y estudios que indican que una persona que alcanza la cetosis puede ayunar intermitentemente o no con gran facilidad porque tiene una fuente inagotable de energía debido a las cetonas producidas.

Las cetonas, como se verá en el siguiente capítulo, son una fuente inagotable de energía para todo el organismo y en mayor proporción para el cerebro. Todos nuestros órganos consumen una cierta cantidad de energía, cuando comemos, no lo hacemos para proporcionar calorías a nuestro cuerpo, sino para proporcionar energía a nuestros órganos para que cada uno de ellos pueda seguir funcionando correctamente. Y eso es exactamente lo que queremos lograr cuando nos alimentamos de forma cetogénica.

CAPÍTULO 2:
¿QUÉ SON LAS CETONAS?

Este es un concepto que proviene de la química orgánica que se ve en la escuela secundaria. Es un compuesto orgánico, formado por un grupo de carbonilos unidos a dos átomos de carbono. Lo primero que vamos a hacer es definir qué es un grupo funcional de carbonilos. Consiste en un átomo de carbono que se conecta, por así decirlo, con un doble enlace a un átomo de oxígeno. Este tipo de grupo se obtiene en el agua de soda o en la sangre, como es de esperar. El mismo está conectado con dos radicales orgánicos, por lo tanto, podemos decir que dos enlaces libres están conectados al grupo carbonilo. Estas conexiones químicas son las que nos permiten diferenciar los ácidos carboxílicos de los aldehídos, alcoholes y éteres. Las cetonas pueden considerarse menos reactivas que los aldehídos y otros compuestos orgánicos.

Como se ha explicado anteriormente, las cetonas tienen una estructura similar a la de los aldehídos, ya que ambas tienen el grupo carbonilo. Sin embargo, la mayor diferencia entre ellas es que contienen dos grupos orgánicos en lugar de hidrógenos.

Como era de esperar, hay diferentes tipos de cetonas, que se dividen según:

- La estructura de su cadena: Se pueden diferenciar por la estructura de la cadena, pueden ser alifáticos, porque los dos grupos orgánicos que están conectados con su grupo carbonilo, tienen la estructura del alquilo.
- La simetría de sus radicales: Esta clasificación se utiliza cuando se estudian los radicales, que están conectados al grupo carbonilo. Cuando son iguales, como se esperaría, pueden ser llamados cetonas simétricas, pero en el caso de que ambos sean diferentes, son llamados asimétricos, siendo estos los más comunes en la química.
- La saturación de sus radicales: Por último, otro método de clasificación. Dependerá de la saturación de sus cadenas de carbono; si tienen la estructura de los alquenos, la cetona será insaturada, en cambio, si tienen la estructura de los alcanos, se llamará cetona saturada.

Existe otro tipo de cetona, pero no se caracteriza por ninguna de las tres clasificaciones anteriores. Se llaman diketonas porque tienen dentro de sus cadenas, dos grupos carbonilos en su estructura. Como mencionamos anteriormente, estos grupos son la conexión de un átomo de carbono con un oxígeno, conectados por dos enlaces covalentes.

Ahora, para profundizar un poco más en este tema, echemos un vistazo a algunas propiedades de las cetonas, tanto químicas como físicas:

Físico: Principalmente, podemos observar que el punto de ebullición de estas sustancias es mucho más bajo que el del alcohol y tienen el mismo peso molecular. En cuanto a los aldehídos, no tienen una gran diferencia en su punto de ebullición, pero ambos tienen el mismo peso molecular.

Por otro lado, las cetonas son solubles en agua, pero a medida que la cadena se vuelve más compleja, la solubilidad disminuye.

En cuanto al olor, las cetonas que tienen un tamaño pequeño, tienen un olor agradable, el tamaño medio tiene un olor fuerte y desagradable. Finalmente, las cetonas de mayor tamaño son inodoras.

El estado físico dependerá del número de carbono que posean, ya que las cetonas con menos de diez carbonos son líquidas, pero las que tienen más son sólidas.

Química: En este caso, tenemos muchas más propiedades que en las físicas. Lo son:

- Su acidez. Gracias a su grupo carbonilo, las cetonas son ácidas.
- Otra característica notable de las cetonas es su reactividad. Las cetonas se utilizan ampliamente como un producto que puede sintetizar otros compuestos. Por esta razón, las cetonas pueden utilizarse para hacer la adición de alcohol, produciendo hemiacetales, que no son muy estables. Otra adición que se puede hacer es con amoníaco y algunos de sus derivados, formando un grupo de sustancias llamadas iminas, que también son químicamente inestables.
- Son menos reactivos que los aldehídos.
- Las cetonas son difíciles de oxidar y esto sólo se puede lograr con elementos fuertes como el potasio, por ejemplo, produciendo un ácido.

Ahora que hemos explicado lo que es una cetona y algunas de sus propiedades, podemos empezar el libro como debe hacerse.

Como se puede imaginar, las cetonas se utilizan ampliamente tanto en la industria como en la vida cotidiana. A menudo podemos encontrarlas en perfumes y pinturas, ya que son responsables de estabilizar estos compuestos. A veces sirven como conservantes porque no permiten que algunos componentes de la mezcla se degraden rápidamente. Las cetonas también pueden utilizarse como disolventes para pinturas y textiles, además se utilizan en la industria farmacéutica y en las fábricas que fabrican explosivos.

Lo primero que debemos preguntarnos es dónde encontrarlos en la naturaleza. Se encuentran en muchos lugares como las hormonas de cortisol humano, la testosterona, la progesterona, la fructosa, entre otras.

Se ha demostrado que algunas cetonas se encuentran en los azúcares naturales en cantidades realmente pequeñas, se encuentran en la fructosa, siendo ésta un tipo de azúcar. Las células que se encuentran en la fructosa se llaman cetosas, que se pueden encontrar en las frutas y la miel. Aunque son cetonas, su consumo no es recomendable para el régimen cetogénico, ya que la concentración de cetonas es tan pequeña que no obtendremos beneficio de ellas.

Una de las funciones que pueden realizar las cetonas es la biosíntesis de los ácidos grasos; siendo este el propósito del libro. Lo que se quiere con esta dieta es que, a través de la cetosis, se logre una mejor quema de grasas. En este caso, estas cetonas se generan debido a la excesiva producción de la enzima acética. Entonces, se activa el proceso de generación de la cetona, haciendo que la célula se extienda por todo el cuerpo gracias a la circulación y vaya a los órganos vitales, como el riñón, los músculos o incluso el cerebro.

Pero hablar específicamente de las cetonas y lo que pueden hacer dentro de nuestros cuerpos es impactante. Lo primero que se hace es liberar las cetonas cuando el cuerpo toma grasas en lugar de carbohidratos como fuente de energía. Esto logra quemar una gran cantidad de grasa. Esa es una de las razones por las que en algunas dietas se prefiere el consumo de grasa que el de carbohidratos. Pero, ¿qué es lo que esto genera?

Los niveles de glucosa en la sangre se reducen porque los carbohidratos se convierten en azúcar para nuestro cuerpo.

En nuestro cuerpo, las cetonas tienen la función de quemar grasa para generar energía. Por eso recomendamos dietas altas en grasas y bajas en carbohidratos; para forzar a nuestro cuerpo a generar cetonas capaces de generar energía. Porque en el caso de que haya un alto consumo de carbohidratos, el cuerpo se verá obligado a generar energía a través de la glucosa.

Como sabes que las cetonas son células que necesitas en tu cuerpo, también debes adivinar que debe haber una cantidad normal o promedio de tales células. Con esto queremos decir que hay un nivel de cetonas en nuestro cuerpo que se considera "normal", como se hace con otras células, como por ejemplo los glóbulos blancos.

Por lo tanto, entre los niveles de cetonas en la sangre, están los siguientes:

1. Menos de 0,5 mmol/L: esto significa que hay niveles normales en la sangre. Este nivel corresponde a personas que tienen una dieta que se ajusta a lo normal, en cuanto al consumo de carbohidratos, grasas, lácteos, etc. ¿Pero ¿qué significa esto? Bueno, que la principal fuente de energía de estas personas es la fructosa, o, mejor dicho, los carbohidratos, lo que implica que la grasa no se quema, o no gracias a las cetonas.

2. El nivel de cetona en la sangre entre 0,5 y 1,5 mmol/L: este nivel significa cetosis pequeña o cetosis leve. Con estos niveles en la sangre, es posible generar energía a través del proceso de quemar grasa. Sin embargo, si su objetivo es perder peso, no está todavía en el nivel apropiado. Por lo tanto, este nivel le permite controlar el peso de la persona.

3. El nivel de cetonas en la sangre entre 1,5 mmol/L y 3 mmol/L: Al tener esta concentración de cetonas en la sangre podemos considerar que estamos en el nivel óptimo de cetosis en nuestro cuerpo. Siendo este el nivel buscado por las personas que hacen dietas cetogénicas. En este punto, podemos aprovechar el nivel cetogénico. Por lo tanto, se recomienda aumentar tanto las actividades físicas como las mentales, para obtener los mayores beneficios de la keto. Cuando se alcanza esta concentración de cetonas, nuestro cuerpo estará en mejores condiciones para

quemar grasa de manera extremadamente eficiente, logrando así la pérdida de peso.

4. El nivel de concentración de cetonas en la sangre entre 3 mmol/L y 8 mmol/L: Ya no es bueno para el cuerpo ya que se superan los objetivos de la dieta cetogénica. En este
5. punto, los resultados de la misma no son muy positivos porque no tiene la misma eficiencia de usar la grasa para generar energía. Este nivel indica que el cuerpo no está funcionando correctamente. Por ejemplo, el cuerpo no está suficientemente hidratado. En el caso de las personas que tienen una enfermedad, como la diabetes de tipo 1, el problema puede estar relacionado con la glucosa en la sangre y se debe tener en cuenta el nivel de insulina en su cuerpo.
6. La concentración de cetonas en la sangre supera los 8 mmol/L: Este nivel es alarmante ya que el nivel de concentración es extremadamente alto para cualquier ser humano. Estos valores no se deben a ninguna dieta cetogénica. Estos casos se encuentran en pacientes con diabetes tipo 1 que no están controlados, siendo su principal causa los bajos niveles de insulina. En este caso, se puede considerar que el paciente está en cetoacidosis debido a una gran cantidad de cetonas en la sangre, causando así vómitos, náuseas y algunos otros síntomas. Esta situación requiere un tratamiento médico inmediato.

Ya observando toda la importancia que tienen las cetonas en nuestro cuerpo, podemos decir que juegan un papel fundamental en él. Las cetonas que nos interesan son las generadas por el hígado después de la descomposición de la grasa. Pero por supuesto, esto sólo ocurre cuando el cuerpo no tiene suficiente glucosa para producir energía a partir de ella.

CAPÍTULO 3:
¿QUÉ LE PASA A TU CUERPO CUANDO TE VAS A KETO?

Aplicando la dieta cetogénica como estilo de vida, nuestro cuerpo entra en un estado metabólico llamado cetosis en el que nuestro organismo se alimenta enteramente de grasas.

La cetosis no es más que un estado en el que nuestro cuerpo produce grandes cantidades de sustancias, que funcionan como fuente de energía una vez que los carbohidratos son eliminados de nuestra dieta.

Esto podría verse como un estado en el que nuestro organismo garantiza su propia supervivencia sin carbohidratos, aprendiendo a utilizar la grasa como energía en ausencia de la sustancia de glucosa. De esta manera nuestro cuerpo, principalmente nuestro cerebro, no sólo utiliza la grasa almacenada en la sangre, sino que también se alimenta de las grasas que comemos en nuestros alimentos.

DIFERENCIAS ENTRE LA CETOSIS Y LA CETOACIDOSIS

Es muy importante no confundir el estado de cetosis con el estado de cetoacidosis. El segundo se produce cuando en nuestro organismo hay excesos de moléculas de cetona, y el cuerpo es incapaz de eliminarlas a través de la orina, haciendo que nuestro organismo entre en una acidez metabólica que podría considerarse muy grave e incluso mortal.

La cetoacidosis podría ser un riesgo muy frecuente que podrían sufrir todos los que padecen la enfermedad de la diabetes, siendo fatal para su organismo si no se trata correctamente.

BENEFICIOS DE LA CETOSIS

Esta condición permite a nuestro cuerpo acceder a las grasas que se encuentran principalmente en nuestro torrente sanguíneo y en el resto del cuerpo. Por eso podría considerarse una forma efectiva de perder peso.

La cetosis, además de permitirnos quemar grasa más rápido, nos da una sensación de saciedad, reduciendo nuestro apetito de manera considerable. En este sentido, la cetosis puede ayudar a prevenir enfermedades cardiovasculares.

- El cerebro: Contiene sustancias de alto contenido graso, lo que le confiere ciertas propiedades curativas para enfermedades como la epilepsia e incluso enfermedades neurodegenerativas. Además, tiene un gran impacto en el estado de ánimo.
- En algunos casos, la cetosis puede influir en enfermedades como la diabetes.
- Se pueden observar mejoras en la piel relacionadas con el acné, ya que estas sustancias cetónicas funcionan como antiinflamatorias para el cuerpo.
- Puede mejorar el síndrome de ovarios poliquísticos e incluso los problemas de fertilidad. Al evitar grandes ingestas de insulina, el cuerpo aumenta las hormonas andrógenas (especialmente la testosterona) y, por lo tanto, aumenta la fertilidad.
- La dieta cetogénica puede mejorar el metabolismo de la glucosa al reducir los niveles de azúcar en nuestro torrente sanguíneo e incluso puede mejorar la presión arterial y el perfil glucémico.
- Las moléculas cetónicas, al activar nuestro metabolismo lipolítico, aumentan eficazmente los antioxidantes en nuestro cuerpo.
- Lesiones cerebrales: Los estudios revelan que este tipo de dieta es capaz de reducir algunas lesiones cerebrales que se han sufrido como resultado de un accidente causando una recuperación más efectiva en el paciente. Muchos estudios concluyen que puede beneficiar a los pacientes de Parkinson y de cáncer, ayudando a tratar algunos tipos leves de estas enfermedades y reduciendo el crecimiento de tumores cancerosos.

RIESGOS DE LA CETOSIS

La cetosis, a pesar de tener sus grandes ventajas, también tiene algunos efectos secundarios. Por eso, antes de comenzar una dieta cetogénica (o cualquier otro tipo de dieta) debe acudir a un especialista para que examine sus condiciones físicas y le ayude a desarrollar un plan de alimentación que se ajuste a sus necesidades. De esta manera, estarás previniendo ciertos efectos secundarios como:

- Sudando con un fuerte olor: Esto sucede cuando las células cetónicas son eliminadas.
- Mal aliento: Al tener un exceso de moléculas de cetona, éstas serán liberadas a través de nuestro aliento. En caso de sufrir este efecto, se recomienda consumir mucha agua para reducirlo.
- Dolor de cabeza: Esto puede ocurrir mientras nuestro cuerpo se adapta a nuestra nueva rutina alimenticia ya que nuestro cerebro necesitará glucógeno para su funcionamiento. Podríamos incluso sentir mareos.
- Orina con un olor intenso: Esto sucede una vez que los cuerpos cetónicos son eliminados a través de la orina, por lo que su olor y color puede llegar a ser fuerte.
- Falta de apetito: Al disminuir los carbohidratos y aumentar las proteínas y las grasas, nuestro cuerpo cambia la forma de digerir los alimentos. Así que podemos notar que nuestro apetito disminuye a medida que nuestro cuerpo se acostumbra a este estilo de vida.
- Arritmias: Cuando se producen tantos cambios en nuestro organismo, es posible mostrar algunos problemas cardíacos.

Debido a los cambios que sufre nuestro organismo, es muy común que se produzcan vómitos, descomposición, náuseas e incluso dificultades respiratorias.

Reduciendo el consumo de fibra como granos y cereales, podríamos presentar estreñimiento.

Por lo general, este tipo de dieta no se recomienda durante un período superior a tres meses porque podríamos sentirnos constantemente cansados e incluso disminuir nuestro rendimiento en las actividades cotidianas.

Si queremos volver al régimen nutricional que teníamos antes, es importante seguir los mismos pasos que seguimos para empezar con la dieta cetogénica. Debemos volver a los carbohidratos de forma gradual porque un cambio drástico podría causar problemas como el aumento de peso repentino.

CAPÍTULO 4: CURA TU CUERPO

Todo el mundo sabe que la gente que hace esta dieta busca perder peso. Pero también se utiliza para controlar algunas enfermedades. Por esas razones es importante este capítulo, que hablará sobre la salud.

Al principio, queremos dar un pequeño concepto de lo que es la salud. Según la Organización Mundial de la Salud, es "Un estado de completo bienestar físico, mental y social, y no sólo la ausencia de enfermedades o lesiones", por lo que podemos decir que la salud no significa la ausencia de ninguna enfermedad. Más bien significa tener una cierta calidad de vida que nos permita vivir cómodamente y sin tantas preocupaciones. También se contempla estar en un buen estado mental y social porque hay personas que puede conocer que están físicamente sanas pero que siempre se sienten mal o están deprimidas. Ese tipo de personas no pueden considerarse completamente sanas, y a largo plazo, esto tiene implicaciones en su salud física.

Además, un pequeño ejemplo de las implicaciones que la salud mental tiene con el bienestar físico es el estrés porque puede afectar a nuestra salud sin que nos demos cuenta. Hay ocasiones en las que tenemos dolores de cabeza extremadamente fuertes causados por la ansiedad o el dolor. A veces tenemos tensión muscular gracias a la inquietud. El dolor de pecho puede ser por falta de motivación o mucha presión; la fatiga se debe muchas veces a sentirse abrumado. Los cambios en el deseo sexual tienen implicaciones con la ira. El malestar estomacal puede estar relacionado con la depresión. Incluso los problemas de sueño pueden estar relacionados con todos los problemas anteriores. Además, se ha demostrado que las enfermedades como el cáncer suelen desarrollarse por los estados de ánimo que tienen las personas, y también que cuanto más feliz o mentalmente sano sea el paciente, mejor será su recuperación de la enfermedad. Por esta razón, es importante tener una buena salud mental, porque no importa lo que logremos con la dieta cetogénica si vamos a tener problemas con nuestra salud mental.

Ahora que el tema de la salud integral ha terminado, podemos centrarnos plenamente en los beneficios que la dieta keto tiene para nuestra salud.

Lo primero que hay que hacer es reducir el consumo de carbohidratos, azúcares y grasas dañinas, que afectan a nuestro cuerpo por diferentes razones. Los dos primeros alimentos mencionados, se convierten en glucosa y si se hace un consumo muy alto de ellos; podrían llevar a la diabetes. Esto no significa que no se puedan consumir carbohidratos, porque son uno de los principales responsables de dar energía a nuestro cuerpo. Los órganos, para algunas de sus funciones vitales, utilizan la glucosa en la que se convierten los carbohidratos y así generan muchos procesos extremadamente necesarios para nuestro cuerpo. Uno de estos procesos puede ser cuando un atleta levanta pesas. El músculo necesitará utilizar la glucosa para poder crecer o para sintetizar el ejercicio realizado; pero si los músculos no son capaces de encontrar la glucosa en nuestro cuerpo, el músculo disminuirá de tamaño, es decir, reducirá la masa corporal.

Nuestros órganos realizan otros procesos que necesitan glucosa. Sin embargo, ese componente puede ser sustituido para realizar estas funciones vitales. Es sustituido por las cetonas producidas por el hígado. Un órgano que satisface estas características es el cerebro, ya que sus funciones vitales pueden realizarse con cetonas en lugar de glucosa. Un mejor ejemplo podría ser el anterior; los músculos necesitan glucosa para procesar el ejercicio realizado. Este proceso no puede ser realizado por ninguna otra célula que no sea la glucosa, pero si estamos bajo el régimen del keto, algún órgano tendrá que donar su glucosa y alimentarse de cetonas. Esto puede hacerlo el cerebro, ya que es capaz de utilizar las cetonas para realizar sus tareas, consiguiendo dar energía a los músculos para realizar sus procesos de síntesis y no perder masa muscular.

Como se puede ver, el consumo de glucosa se reduce, lo que significa una mejora sustancial en el caso de las personas que sufren de diabetes ya que hay algunos casos en los que el paciente puede dejar de consumir insulina. También hay casos en los que se beneficiaron los pacientes de cáncer. Esto se debe a que las células cancerosas consumen principalmente células de glucosa. Por lo tanto, al comer de forma cetogénica, la producción de glucosa se reduce, por lo que las células cancerosas son incapaces de alimentarse por sí mismas. También hay algunos estudios que revelan que el consumo de alimentos recomendados por la dieta cetogénica ayuda a los pacientes cuando se trata de recibir quimioterapia o radioterapia. Aunque los resultados no son todavía concluyentes, se puede decir que los resultados obtenidos con la dieta cetogénica son esperanzadores.

Es importante mencionar que ayuda a reducir el sobrepeso. El objetivo de la dieta cetogénica es procesar la grasa y usarla como energía. Por lo tanto, al quemar la grasa, podemos perder peso, entonces se puede reducir las tasas de sobrepeso, siendo esta una de las enfermedades más comunes en los Estados Unidos y en todo el mundo.

Cuando se trata del cerebro, la dieta keto también es notable. Gracias a la dieta Keto, algunas de las funciones del cerebro tienen un mejor rendimiento. En primer lugar, protege la función cerebral. Según los estudios, se ha descubierto que la dieta cetogénica podría regenerar en algunas ocasiones el daño cerebral. Estos resultados se obtuvieron después de haber hecho experimentos con animales. El primero que se hizo fue alimentar a animales muy viejos con la dieta cetogénica. Después de algún tiempo, se pudo observar que aquellos animales que se alimentaban normalmente tenían más dificultades para realizar actividades diferentes a las de los que estaban en la dieta cetogénica. Entonces, podemos decir que el cerebro funciona mejor con las cetonas producidas por el hígado que con la glucosa generada al comer carbohidratos o azúcares.

A primera vista, esta dieta puede ser vista como una del montón, que tiene el propósito de reducir considerablemente el peso de la gente. Esa idea no puede estar más lejos de la realidad ya que sus beneficios para la salud son incalculables. Para contar uno de los muchos beneficios del keto nos remontaremos a sus inicios. Se utilizaba en pacientes que sufrían enfermedades de epilepsia; la epilepsia es una sobreactividad eléctrica en algunas áreas del cerebro. Hubo casos en los que los niños no respondieron correctamente a las píldoras responsables de controlar los ataques. La solución fue la dieta keto. Se obtuvieron resultados sorprendentes ya que más del 10% de los niños a los que se les prescribió esta dieta dejaron de tener ataques mientras que más del 100% de las personas que sufrían de epilepsia y usaban la dieta keto podían reducir la frecuencia de sus ataques a cerca de la mitad.

Eso no fue mágico, fue porque esta dieta tenía implicaciones muy importantes relacionadas con la epilepsia. Cuando el cuerpo entra en el estado de cetosis, el comportamiento de algunos genes del cerebro se altera; algunos de ellos son responsables de hacer el metabolismo energético del cerebro, causando así ataques. Otro resultado extremadamente importante es que se pudo observar una mejora abismal en la energía de las neuronas que se encuentran en el hipocampo; aumentando la densidad de las mitocondrias que se encuentran dentro del hipocampo.

Como si esto no fuera suficiente, también podría mejorar la condición de otros pacientes que sufren de Alzheimer, que es una enfermedad degenerativa. Esta enfermedad dañará gradualmente las conexiones que se producen en el cerebro. Afecta a las personas de una manera muy dura, ya que perderán la memoria hasta el punto de no poder realizar sus actividades diarias o básicas. Pero usando la dieta cetogénica, algunas de estas condiciones podrían mejorar.

No podemos decir que esto detenga o revierta la condición, pero podemos decir que hay resultados esperanzadores al usar esta dieta en esos casos. Se han hecho experimentos con animales y se ha observado algún tipo de curación y mejora en sus cerebros. Incluso algunos daños fueron revertidos. Esto sucede porque cuando se entra en el estado cetogénico, es posible reactivar ciertas neuronas y reparar parte del daño cerebral. Además, podemos ver que también se ocupa de que el cerebro proteja las dendritas y los axones mejorando un proceso vital. Las dendritas y los axones se encargan de las conexiones cerebrales para que el cuerpo humano pueda hacer sinapsis.

Por lo tanto, podemos estar seguros de que la dieta cetogénica no sólo es capaz de hacer que las personas pierdan peso, sino que también les permite mejorar sus condiciones de vida. Si el paciente sufre algún tipo de enfermedad como el cáncer o la diabetes, podemos recomendar la dieta cetogénica, obviamente, con la ayuda de un experto.

CAPÍTULO 5:
¿ES KETO PARA TI?

Antes de probar cualquier dieta, sugerimos investigar a fondo para entender las consecuencias que podría tener en nuestro cuerpo. Es esencial conocer sus fundamentos, ventajas y desventajas.

Es crucial para saber si una dieta es adecuada para nuestro sistema o no. Porque las dietas funcionan de manera diferente para cada persona.

Es bien sabido que esta dieta es baja en carbohidratos, moderada en proteínas y alta en grasas saludables. Esa distribución es lo que nos ayuda a alcanzar la cetosis; haciendo que el hígado tome ácidos grasos y los transforme en cetonas para alimentarse y utilizarlos como fuentes de energía.

Esta dieta se basa en una proporción de calorías entre las que el 60-75% cubre la ingesta de grasa, el 15-30% cubre la ingesta de proteínas y el 5-10% cubre la ingesta de carbohidratos.

Entre los alimentos que se permiten en la dieta cetogénica, podemos mencionar las grasas y aceites como las almendras, el aguacate, los cacahuetes, el aceite de oliva, el pescado, las nueces y las semillas de lino. Es aconsejable consumir estas proteínas de origen ecológico como las carnes alimentadas con pasto, los pollos criados en ambiente libre, los pescados y mariscos, los productos lácteos grasos como la crema, el queso crema y los quesos curados. Entre los hidratos de carbono recomendados se encuentran la mantequilla de almendra, las semillas de hongos, el chocolate (preferiblemente sin azúcar), el consumo de coco y sus derivados.

El único paso que queda es tener en cuenta los siguientes aspectos que podrían darnos una evaluación preliminar para saber si la dieta cetogénica es conveniente para nuestro organismo:

1. La dieta keto no tiene restricciones en cuanto al consumo de calorías, así que podría decirse que podríamos tener libertad con ese consumo.

2. La dieta keto da la sensación de estar satisfecho con las comidas por más tiempo. Esto es muy bueno porque no nos limitamos a reducir nuestra comida. En cambio, nos alimentamos con lo necesario y estamos satisfechos con ello.
3. La dieta keto nos ayuda a tener más energía y, aunque se sabe que las dietas ricas en carbohidratos generan algún tipo de disminución energética después de comer y que las dietas bajas en calorías sólo generan hambre y estrés, esta dieta evita que, al adaptarse a las grasas, las elimine a través de las reservas y nos proporcione la energía suficiente para no depender de las proteínas y los carbohidratos. Con esto, podemos tener un alto nivel de energía durante el día y no estaremos constantemente cansados.

En pocas palabras, podemos decir que con la ayuda de la dieta keto contribuimos a mejorar nuestra calidad de vida física y contribuimos a nuestra salud con efectos a largo plazo siempre que se haga correctamente. Todo esto sin preocuparse por el efecto rebote, en el cual, perdemos peso rápidamente y lo recuperamos de la misma manera.

Lo lograremos siempre y cuando estemos dispuestos a cambiar radicalmente nuestros hábitos. Por supuesto, de vez en cuando podremos disfrutar de una pizza, una hamburguesa e incluso galletas en alguna comida del día (esto debe hacerse con mucho cuidado).

La dieta cetogénica no es sólo para alimentarnos de forma saludable, también debemos ser constantes para obtener un buen resultado. Nuestro cuerpo se tomará el tiempo necesario para procesar los cambios y entrar en el estado de cetosis (puede ocurrir dentro de las primeras 24 horas o hasta una semana) y ser capaz de comenzar su proceso de quemar grasa y utilizar las cetonas como fuente de energía.

Si tiene problemas para tolerar ciertos alimentos ricos en grasas, problemas de azúcar, antecedentes renales o cualquier otro inconveniente, la dieta cetogénica puede adaptarse a sus necesidades, pero es aconsejable acudir al especialista antes de hacer cualquier cambio en sus hábitos de alimentación.

Es importante saber que las cetonas no funcionan de la misma manera que la glucosa en nuestro cuerpo y por eso necesitamos un mayor consumo de ácidos grasos. De esta manera, la falta de glucosa será sustituida, cumpliendo así la función de reducir el peso, mejorar nuestro cuerpo, eliminar los carbohidratos y evitar la acumulación de grasas inútiles.

Es bien sabido que el exceso de azúcares y carbohidratos es la principal causa de la obesidad, ya que cuando la grasa se acumula se estanca en nuestro cuerpo y puede causar graves problemas e incluso tener un resultado fatal a largo plazo.

Todo tipo de dieta tiene sus riesgos y por eso debemos estar atentos y saber si se adaptará a nuestro cuerpo porque, de lo contrario, podemos tener resultados perjudiciales.

También se sabe que para gozar de buena salud es importante beber mucha agua y consumir alimentos variados de manera equilibrada, sobre todo frutas y verduras.

CAPÍTULO 6:
BENEFICIOS DE LA DIETA CETOGÉNICA PARA LAS MUJERES

Tanto en las mujeres como en los hombres, el sistema endocrino está formado por órganos y tejidos que producen hormonas. Estas hormonas son sustancias químicas naturales que, después de ser producidas, serán secretadas en el torrente sanguíneo para ser utilizadas por otros órganos. Es el proceso general que realiza nuestro sistema endocrino.

Las hormonas controlarán entonces los órganos a los que están destinadas. Sin embargo, hay algunos sistemas orgánicos que contienen sus propios sistemas para regularlos sin necesidad de hormonas.

Ahora, a medida que las mujeres (como este libro está dirigido a usted) envejecen, habrá cambios particulares en estos sistemas de control hormonal. Lo que va a suceder es que algunos órganos o tejidos se vuelven sensibles a las hormonas que los controlan, en otros casos, el número de hormonas que el cuerpo puede producir disminuye con la edad. A veces, puede suceder que las hormonas se descompongan o se metabolicen más lentamente.

Conociendo aproximadamente lo que sucede con nuestro sistema endocrino, podemos deducir que cuando el tejido endocrino envejece, puede producir menos cantidad de hormonas de lo que era probable, o tal vez produce la misma cantidad de hormonas, pero a un ritmo más lento.

Entre las hormonas que probablemente pueden disminuir con los años, está la hormona Aldosterona. Esta hormona es responsable de regular el equilibrio de líquidos y electrolitos en el cuerpo. Otras hormonas son la hormona de crecimiento y la hormona renina. En las mujeres, los niveles de estrógeno y prolactina generalmente disminuyen considerablemente con los años.

La dieta cetogénica induce una condición metabólica que ha sido llamada "cetosis fisiológica" por Hans Krebs y que también ha sido descrita como un mecanismo adaptativo preservado en todos los organismos de orden superior para asegurar la supervivencia durante los períodos de inanición, enfermedad o estrés energético.

La dieta cetogénica se ha utilizado con gran éxito en enfermedades como la epilepsia. En el caso de las mujeres, la mayoría la utilizan para perder peso y se debe a problemas causados principalmente por la grasa acumulada en el cuerpo. Esa grasa acumulada tiene efectos secundarios que afectan a nuestra salud, por lo que la principal causa de la aplicación de esta dieta hoy en día es la pérdida de peso.

Cuando se producen procesos de hiperinsulinismo y alteraciones hormonales en las mujeres, éstas no pueden ovular, considerando que se altera todo el ciclo menstrual. Esto es atribuible a un desequilibrio hormonal entre los estrógenos y la progesterona; desequilibrio que provoca un aumento de andrógenos que desestabiliza todo el ciclo menstrual y hace que la mujer no ovule. Este aumento de andrógenos comienza a afectar la menstruación de la mujer y otros problemas hormonales. Con la dieta del keto, estos desequilibrios desaparecen, de hecho, hay muchos ginecólogos que la recomiendan. Se han visto resultados sorprendentes en las mujeres después de unos diez meses de seguir la dieta Keto y la evolución y mejora del "síndrome de ovario poliquístico".

Todo el sistema hormonal femenino mejora como resultado de que las hormonas femeninas se forman a partir de una molécula llamada "colesterol". El colesterol es la base para la formación de todas las hormonas esteroides como los glucocorticoides, andrógenos, estrógenos y progesterona.

Esta dieta es excelente para el hígado y el ciclo menstrual de las mujeres depende directamente de las hormonas, lo que significa que la dieta keto te ayuda significativamente para todo tu sistema hormonal. Como consecuencia de que el ciclo menstrual está regulado, la ovulación mejora, el sangrado disminuye y, de hecho, los calambres menstruales mejoran significativamente. En el caso de las mujeres que están en la menopausia, la dieta también ayuda, ahora que la producción de hormonas femeninas se incrementa. De este modo, esta etapa de la vida de la mujer se hace más llevadera.

La dieta keto mejora la salud del cerebro, los problemas de dolores de cabeza y las enfermedades degenerativas. Los neurólogos están pidiendo a las mujeres que hagan la dieta keto porque, con la reducción de los carbohidratos, los problemas de migraña y los dolores de cabeza disminuyen y, en muchos casos, erradica la enfermedad.

Las mujeres también notan cambios en su piel como mejoras en el acné por la reducción de grasas procesadas. También se han observado mejoras en el color de la piel, en la disminución de puntos negros e incluso de las bolsas de los ojos. Es por eso que actualmente es una de las dietas más implementadas en el mundo. Todos los estudios que se han realizado, basados en la dieta, muestran resultados satisfactorios. La calidad de vida de cada persona que la aplica es notable y por eso, cuando se empieza a aplicar este método nutricional, no se quiere parar.

Así que, para terminar, podemos decir que, aunque es bastante difícil empezar esta dieta y seguir cada una de las indicaciones ya que es realmente difícil eliminar los carbohidratos y el azúcar de sus alimentos diarios, una vez que su cuerpo se desintoxique de todos los anti nutrientes que ha consumido durante muchos años, no querrá volver a consumir estos alimentos. Cuando comiences con estos cambios en tus hábitos, tu organismo entrará en el estado conocido como "keto-adaptación". Después de eso, los cambios en tu cuerpo comenzarán a ocurrir gradualmente. No dudes en ir a la keto, pero primero habla con un especialista.

CAPÍTULO 7:
USO DE LA DIETA KETO PARA CONTROLAR O PREVENIR LAS CONDICIONES RELACIONADAS CON LA EDAD

A medida que el organismo envejece, se expone a diferentes trastornos. Esos trastornos pueden ser tanto físicos como mentales, dependiendo de cada persona y su fisiología. Los cambios que ocurren con la edad son particularmente diferentes según cada persona.

A la edad de 20 años, es muy probable que tenga o muestre enfermedades o trastornos que podrían deberse a enfermedades congénitas o degenerativas como la esclerosis múltiple, trastornos de la alimentación que conducen, como se ha explicado anteriormente, a enfermedades cardiovasculares, diabetes y algunas otras.

A partir de los 40 años, las personas tienden a sufrir enfermedades cardíacas y cáncer, siendo éstas la principal causa de muerte. Las estadísticas indican especialmente que a estas edades la mayoría de las mujeres presentan cáncer de mama y pélvico, e independientemente del género, cáncer de piel, cáncer de colon, recto y próstata.

A partir de los 50 años, es común ver casos de cáncer de próstata, así como obesidad y problemas de visión. A partir de los 60, las personas empiezan a sufrir problemas óseos, osteoartritis, osteoporosis, problemas asociados con el deterioro cognitivo, Alzheimer e incluso la enfermedad de Parkinson.

A medida que las personas envejecen, si no tienen hábitos saludables, probablemente van a sufrir una de las enfermedades o trastornos mencionados anteriormente. El azúcar es un elemento importante en estas enfermedades, ya que puede alterar el ambiente celular de nuestro cuerpo y por lo tanto la destrucción o mutación de las células. Por eso, cada día hay más anuncios que quieren animar a los ciudadanos a optar por la comida orgánica y la alimentación sana, libre de azúcares, alimentos procesados y gluten.

Es difícil pensar que después de tantos años de consumir azúcar, ahora tenemos que eliminarla de nuestra dieta. Pero si volvemos al pasado podemos recordar que nuestros antepasados tuvieron vidas más largas que las actuales.

Se han realizado visitas y exploraciones a pueblos distantes en diferentes países donde toda la población tiene una esperanza de vida de más de cien años. Cuando se les preguntó sobre el tipo de comida que tenían, las respuestas fueron siempre las mismas. Se alimentaban con las frutas producidas por la naturaleza, vegetales, tubérculos, carnes, pescados y frutas libres de pesticidas, gluten y químicos de larga duración.

En este contexto, hay campañas mundiales para concienciar a la humanidad a favor de la prolongación de la vida.

El enfoque de la dieta cetogénica va hacia esas teorías. El hecho de que podamos alimentarnos con alimentos producidos por la naturaleza suena increíble. De hecho, fisiológicamente hablando, nuestro organismo no necesita carbohidratos para trabajar, regenerarse, ni para sobrevivir; tampoco necesita alcohol ni dulces. Sin embargo, son los productos más consumidos hoy en día.

La dieta keto elimina el consumo de azúcar procesada y este paso es importante. Se han observado cambios positivos, como mejoras en los trastornos derivados de la edad, diabetes, hipertensión, ovarios poliquísticos, Alzheimer, Parkinson y otras patologías.

Por esta razón, aunque los alimentos más consumidos por los humanos hoy en día son los carbohidratos, debemos reducir su consumo. Su consumo produce glucosa en nuestro torrente sanguíneo y esa energía no siempre es adecuada para alimentar nuestro cuerpo, ya que se ha observado que cuando el cuerpo se alimenta de cetonas, está mejor alimentado.

En este sentido, para tener una mayor longevidad celular, debes alimentarte de forma cetogénica. Esto hará que tu cuerpo sea capaz de trabajar con la energía producida por las cetonas. Hasta este punto, tu organismo habrá quemado la grasa acumulada de nuestro cuerpo

Cabe señalar que el metabolismo cambia alrededor de los 28 años de edad. Esto se debe al envejecimiento hormonal y a la progresiva disminución de la producción de la hormona de crecimiento, y al aumento de la insulina.

Además, los hábitos alimenticios que se llevan a cabo en la actualidad y la falta de ejercicio aceleran la acumulación de grasa y reduce la masa muscular. Esto produce sobrepeso, celulitis, flacidez, deformidades, etc. Como vemos, estas hormonas son fundamentales en los cambios producidos por la edad, y la dieta keto busca principalmente un aumento de la hormona HCG y una disminución y control de la insulina.

Por ejemplo, uno de los principales problemas de los adultos mayores es la pérdida de masa muscular. Esto sucede como resultado de que el cuerpo ya no es capaz de generar suficiente glucosa; por esa razón, los músculos no pueden utilizar la misma cantidad de glucosa para realizar el trabajo de mantenimiento de los músculos o el aumento de la masa muscular al hacer ejercicio. Entonces, gradualmente, debido a la falta de generación de glucosa, el cuerpo de las personas mayores perderá masa muscular.

Es por eso que hacer una dieta baja en carbohidratos y rica en grasas, como la dieta keto, modificará la forma en que funciona nuestro cuerpo. Como hay procesos en nuestro cuerpo que se hacen exclusivamente con la glucosa de nuestra sangre, otros pueden hacerse tanto con cetonas como con glucosa. Los músculos utilizan exclusivamente la glucosa, pero el cerebro, que es el órgano que más energía consume, puede utilizar ambas. Por lo tanto, consume la mayor cantidad de glucosa en un plan de alimentación normal, pero en el caso de un plan de alimentación cetogénica, se producen tantas cetonas que se alimentará de ellas. Debido a esto, la glucosa almacenada en el torrente sanguíneo será enviada a los músculos para que puedan mantener la masa corporal.

Pero hay que tener cuidado con esto porque no queremos decir que es imposible perder masa muscular ya que hay personas que tendrán resultados muy positivos al mantener la masa muscular, pero otras no. Decir que todas las personas reaccionarán de la misma manera a la dieta es falso.

Algo que sucede mucho en los adultos mayores es la falta de energía. Esto se debe a que, al llegar a cierta edad, el cuerpo no funciona de la misma manera. Esto puede suceder ya sea porque el cuerpo ya no secreta la misma cantidad de insulina, por lo que no podemos quemar toda la glucosa de nuestro cuerpo, generando menos energía; o nuestro cuerpo no procesa la comida como la usaba, generando una menor cantidad de glucosa en la sangre que lleva a una reducción de los niveles de energía. La solución a estos problemas podría ser la migración a otro plan de alimentación, en este caso, como es de esperar, recomendamos la dieta cetogénica. Reducir el consumo de carbohidratos y azúcares, y aumentar drásticamente el consumo de grasas, le permitirá entrar en el estado de cetosis, alimentándonos así a través de las cetonas que podrían actuar de forma más eficiente en nuestro cuerpo. Es por eso que se puede escuchar o ver a los adultos mayores que se ven muy bien físicamente ya que todo esto es gracias a la comida.

Estadísticamente, ha habido experimentos relacionados con la longevidad y la dieta keto. Se obtuvieron resultados esperanzadores, sin embargo, los experimentos sólo se han realizado en ratones, pero se ha demostrado que su esperanza de vida aumenta en un trece por ciento debido a su dieta alta en grasas en comparación con los que se alimentan con carbohidratos. No obstante, lo más interesante no es sólo que vivan más tiempo, sino que lo hacen mejor ya que lo hacen libres de enfermedades y dolencias.

Viendo todos los beneficios que puede aportar a los adultos mayores este tipo de alimentos sólo podemos recomendarles que los consuman, por supuesto, siempre bajo la supervisión de su médico de confianza. Con esto, usted tendrá un mejor funcionamiento del cerebro, entre otras cosas extremadamente importante para el buen funcionamiento de nuestro cuerpo.

CAPÍTULO 8: APOYO A LOS SISTEMAS CORPORALES BÁSICOS

Cuando hablamos de cetosis, es un estado natural que ocurre cuando el cuerpo se alimenta principalmente de grasa al seguir una dieta baja en carbohidratos. La cetosis tiene beneficios, pero también tiene sus posibles efectos secundarios.

La cetosis es el proceso en el que el cuerpo produce pequeñas moléculas de energía llamadas cetonas, que se conocen como energía para el cuerpo y se utilizan cuando hay una cantidad reducida de azúcar en la sangre (glucosa). En el cuerpo humano, específicamente en el hígado, las cetonas se producen a partir de las grasas y luego se utilizan como energía. El cerebro no se alimenta exclusivamente de glucosa, por lo tanto, podemos decir realmente que el cerebro quema los carbohidratos cuando los consumimos en forma de glucosa, sin embargo, si consumimos pocos carbohidratos, el cerebro no tendrá ningún problema en utilizar cetonas en lugar de carbohidratos. La cetosis es importante porque el cerebro consume una gran cantidad de energía diariamente, pero no se alimenta directamente de las grasas, sino de las cetonas.

Esta función es esencial para la supervivencia básica, de lo contrario, como el cuerpo almacena un suministro de glucosa producto de los carbohidratos de uno o dos días, el cerebro deja de hacer sus funciones después de un par de días sin alimentos. Después de un tiempo, tendría que convertir las proteínas de los músculos en glucosa, pero este proceso es muy ineficiente para mantener la función cerebral; una situación que haría que los órganos se atrofiaran rápidamente, debido a la ausencia de alimentos. Afortunadamente, el cuerpo humano ha evolucionado para ser más inteligente, tiene depósitos de grasa que pueden servir para sobrevivir varias semanas, por supuesto, siendo este un caso muy extremo. De todos modos, debe ser una persona capacitada porque no todo el mundo puede hacerlo.

Cuando el cerebro tiene la oportunidad de alimentarse de cetonas hechas de nuestra grasa corporal, muchas personas sienten más energía y concentración mental, lo que también acelera la quema de grasa y a su vez, trata de perder peso.

La cetosis tiene diferentes beneficios que puede proporcionar al cuerpo y al cerebro; uno de los primeros beneficios es dar un suministro ilimitado de energía, aumentando el rendimiento mental y físico, y a su vez, reduciendo el hambre, facilitando la pérdida de peso sin tanto esfuerzo. Además, para que el cuerpo entre en cetosis, es necesario consumir pocos carbohidratos, corrigiendo eficazmente la diabetes de tipo 2. La cetosis se ha utilizado para controlar la epilepsia e, incluso sin medicación, muestra un gran potencial para tratar otras afecciones médicas como el acné, e incluso para tratar el cáncer.

Para que el cuerpo entre en cetosis es necesario que los niveles de glucosa sean bajos, ya que es nuestra principal fuente de energía. Eso va a obligar a nuestro cuerpo a buscar otro alimento, siendo las grasas almacenadas en nuestro cuerpo. Para lograr esto, es esencial seguir una estricta dieta baja en carbohidratos como la dieta cetogénica. Para intensificar la cetosis, se puede añadir efectivamente un ayuno intermitente.

Para reconocer si el cuerpo está entrando en cetosis, es posible medirla con una muestra de orina, sangre o aliento. También hay otros signos que se verán sin una prueba; podemos decir que uno de los síntomas es la sequedad de la boca y el aumento de la sed y la orina.

Aliento a Keto: esto significa que tu cuerpo, a través del aliento, tiene un olor similar al del quitaesmalte de uñas; ese olor también se siente en el sudor cuando haces ejercicio, la mayoría de las veces es temporal. Otros indicadores, pero de manera positiva, son la reducción del hambre y el aumento de la energía.

Como se ha dicho anteriormente, para lograr un estado de cetosis es necesario restringir los carbohidratos a medida que se convierten en glucosa y el cuerpo procede a utilizarla para energizar el cerebro y otros órganos. Pero entrando de lleno en la relación que tiene la cetosis con el cuerpo y se beneficia de ella, podemos ver lo siguiente:

- La dieta de Keto y el corazón: Como todos sabemos, la dieta keto es capaz de hacer una pérdida de peso muy considerable, resultando en la quema de grasa en cantidades industriales. Eso reduce los riesgos cardiovasculares ya que a menudo dependen de si la persona es obesa o también si tiene la presión arterial muy alta. Al reducir el colesterol también se reducen las posibilidades de tener una mejor protección contra las enfermedades cardíacas. Otra cosa extremadamente útil de la dieta keto es que aumenta la autofagia; es una forma de limpieza celular, que es muy útil para ayudar a nuestro cuerpo. Por último, si bien es cierto que se requiere comer pocos carbohidratos y muchas grasas, no se recomienda comer tocino todos los días, pero con moderación. Las grasas que se recomiendan son el aguacate, el aceite de oliva y otras grasas naturales buenas que son buenas para nuestro cuerpo.

- Keto y el cerebro: Además de los beneficios que ya conocemos de la dieta cetogénica y las enfermedades cerebrales, como el Alzheimer o la epilepsia, podemos obtener otros usos para el cerebro como el de aumentar la capacidad de memoria. Se puede utilizar en adultos mayores o en personas de cualquier edad. También ayuda a aumentar la capacidad cerebral porque gracias a los experimentos que se realizaron en animales gordos o viejos, con la dieta cetogénica respondieron mejor que aquellos que no fueron alimentados de esa manera. Por otro lado, la dieta cetogénica ha obtenido resultados positivos en personas que sufren de hiperinsulinismo congénito, que produce hipoglucemia; enfermedad que podría causar daño cerebral. En el momento de utilizar este tipo de alimentación, muchos problemas han desaparecido en algunas personas. Por si fuera poco, también ha sido la solución para muchos pacientes que sufren de migrañas, reduciendo muy a menudo los episodios de migraña gracias a la dieta baja en carbohidratos. Los pacientes con Parkinson también se han beneficiado del consumo de la dieta keto. Estos resultados se vieron gracias a algunos estudios que se realizaron en este tipo de pacientes que fueron sometidos a estas dietas durante al menos cuatro semanas. De esos pacientes, el cuarenta y siete por ciento ha reportado que se sienten mejor, y los síntomas han disminuido. Finalmente, los pacientes que sufrieron algún daño cerebral también pueden visualizar una mejoría gracias a la dieta cetogénica. Esa mejora se atribuye al hecho de que es responsable de aumentar las conexiones entre las dendritas y los axones, lo que genera una mejor comunicación entre las neuronas, tratando de regenerar el área afectada.

CAPÍTULO 9: PREVENCIÓN DE LA DIABETES

Antes de hablar de lo que podría referirse al keto en la diabetes, será necesario definir algunos conceptos.

¿QUÉ ES LA DIABETES?

Se sabe que la diabetes es una enfermedad en la que el nivel de azúcar en la sangre, también conocido como glucosa, aumenta desproporcionadamente. Esta glucosa es la principal fuente de energía en nuestro cuerpo y proviene de los alimentos que comemos en nuestras comidas diarias.

La insulina es la hormona producida por el páncreas para ayudar a drenar ese azúcar en nuestra sangre y así permitir que las células se muevan para funcionar como energía para nuestro cuerpo.

En el caso de los pacientes diabéticos, el cuerpo no es capaz de producir insulina y de esta manera la glucosa permanece acumulada en la sangre, siendo incapaz de llegar a las células, causando resultados peligrosos e incluso mortales para la persona.

Con el tiempo, el exceso de glucosa en la sangre puede causar daños en los ojos, en el sistema nervioso y en el sistema renal. También puede causar enfermedades cardíacas, accidentes cerebrovasculares y los pacientes pueden incluso ser amputados de una parte de su cuerpo por los daños sufridos (debido al exceso de glucosa).

TIPOS DE DIABETES

Diabetes tipo 1

Este tipo de diabetes es aquella en la que el cuerpo no produce insulina por sí mismo debido a que el sistema inmunológico ataca y destruye las células que produce el páncreas. Esta enfermedad puede aparecer a cualquier edad, pero se diagnostica principalmente en niños y adultos jóvenes que deben tomar una cierta cantidad de insulina cada día para controlar los niveles de azúcar.

Cuando una persona con diabetes de tipo 1 tiene una dieta baja en carbohidratos y alta en grasas, puede estabilizar sus niveles de glucosa en la sangre. Sin embargo, esto debe ser monitoreado constantemente ya que puede causar hipoglucemia.

La diabetes de tipo 1 puede considerarse una enfermedad autoinmune (el cuerpo se destruye a sí mismo por error). Usted corre el riesgo de padecer diabetes si tiene un historial familiar de diabetes de tipo 1. Este tipo de diabetes puede ocurrir a cualquier edad, pero es mucho más común en la infancia.

Diabetes de tipo 2

Este tipo de diabetes es aquella en la que el cuerpo no produce la insulina adecuada para controlar los niveles de glucosa. La mayoría de las diabetes de tipo 2 se produce como resultado de un estilo de vida desordenado en lo que respecta a la alimentación. Puede aparecer a cualquier edad, e incluso hay casos de personas a las que se les ha diagnosticado desde la infancia.

Una persona corre el riesgo de padecer diabetes de tipo 2 si ha tenido prediabetes o tiene sobrepeso y no realiza ninguna actividad física. Esta enfermedad se suele diagnosticar en personas mayores de 40 años y, en algunos casos, se diagnostica en personas cuyo árbol genealógico ha tenido esta enfermedad.

Diabetes gestacional

Este tipo de diabetes se produce en algunas mujeres durante el embarazo e incluso desaparece después del parto en algunos casos. Sin embargo, si una mujer ha tenido diabetes gestacional, es mucho más probable que tenga diabetes de tipo 2 en algún momento de su vida (ya sea a corto o largo plazo).

Una mujer corre el riesgo de padecer diabetes gestacional si tiene sobrepeso, es mayor de 25 años o tiene antecedentes familiares de diabetes de tipo 2. También puede influir si tiene el trastorno hormonal del síndrome de ovario poliquístico.

Este tipo de diabetes suele desaparecer después del parto, pero el bebé tiene más probabilidades de padecer diabetes de tipo 2 u obesidad durante su vida.

Como hemos estado hablando, la dieta cetogénica es una que se basa en una dieta de alto consumo de grasas, consumo moderado de proteínas y muy bajo consumo de carbohidratos. Cuando nuestro cuerpo comienza a consumir la glucosa que está almacenada en él, trata de encontrar una manera de obtener otra fuente de energía, que en este caso sería la grasa corporal.

Por eso se considera que la dieta cetogénica, además de ayudar a perder peso, puede ayudar a regular los niveles de glucosa aprovechando el exceso de grasa que se encuentra en el cuerpo. Los estudios han demostrado que la dieta cetogénica puede influir hasta en un 60% en la mejora de la insulina en el cuerpo.

Cuando una persona que tiene diabetes (independientemente del tipo 1 o del tipo 2) evita los carbohidratos en su rutina alimentaria, que son el principal factor de elevación de los niveles de azúcar en la sangre, es posible que pueda disminuir los medicamentos para controlar estos niveles con el tiempo. Esto se debe a que al no comer alimentos que se convierten en glucosa, el cuerpo será capaz de responder por sí mismo a la insulina.

Al iniciar esta dieta es muy importante llevar un control de los niveles de glucosa con un especialista, porque si la persona toma la misma dosis de insulina (que fue medicada antes de iniciar la dieta) cuando está comiendo una dieta baja en carbohidratos, podría causar hipoglucemia que puede ser muy perjudicial para la salud.

Como ya sabemos, no es posible que dos personas que sufren de diabetes tengan el mismo enfoque dietético, ya que pueden compartir la enfermedad, pero la forma en que el cuerpo reacciona de cada uno no es la misma. Las dietas cetogénicas sirven al propósito de mejorar el sistema digestivo comiendo saludablemente siempre y cuando se sigan correctamente. Esto estará conectado con la condición física del paciente.

Siempre habrá algunos riesgos que deben tenerse en cuenta si se está bajo tratamiento médico. Es muy importante que en estas condiciones el paciente esté totalmente preparado para asumir una dieta tan exigente que no debe tener ninguna culpa porque sus consecuencias pueden ser graves; causando problemas renales, hipoglucemia, cetoacidosis y enfermedades renales. Puede ser incluso fatal.

¿ES LA DIETA KETO ADECUADA PARA LAS PERSONAS CON DIABETES?

Algunos estudios han demostrado que la dieta keto es capaz de mejorar la salud de algunas personas que sufren esta enfermedad e incluso, en algunos casos, la minoría ha sido capaz de mejorar la sensibilidad a la insulina.

Muchas personas ven este tipo de dieta como una terapia para el tratamiento o la mejora de la enfermedad; sin embargo, este resultado sólo se aplica a algunas personas. Debido a los diferentes tipos de cuerpo, los diferentes pacientes no siempre obtienen los mismos resultados.

Una persona que no esté dispuesta a seguir una dieta tan especializada y estricta no va a poder obtener resultados tan buenos como una persona que haya seguido este tipo de dieta correctamente.

¿Qué queremos decir con eso?

Una vez explicados todos los factores que influyen, se puede concluir que la dieta keto es muy recomendada por los expertos y por las personas que sufren de diabetes, ya que han logrado resultados muy positivos en su cuerpo y en otros aspectos personales. Sin embargo, es muy delicado seguir este tipo de dieta, ya que si no se tiene la disposición necesaria puede ser muy peligroso. Un pequeño error puede perjudicar su salud y hacer mucho daño.

¿PUEDE LA DIETA KETO PREVENIR LA DIABETES?

Algunos estudios indican que la dieta keto podría, de alguna manera, influir en la prevención de esta enfermedad (al menos en lo que respecta a la diabetes de tipo 2) para la persona cuyo propósito es llevar una vida sana. Sin embargo, muchas veces, esta enfermedad se diagnostica desde la infancia y cualquier tipo de factor puede influir (algún fallo en el organismo o posible herencia familiar).

La diabetes puede prevenirse y (si se tiene) también controlarse hasta un punto en el que no se depende totalmente de los medicamentos. Por supuesto, esto siempre dependerá de la persona con la enfermedad y su voluntad de cambiar sus hábitos alimenticios.

Es relevante que seamos conscientes de que cuando hacemos un tipo de dieta en la que se consumen menos de 50 gramos de carbohidratos al día, nuestro cuerpo entra en estado de cetosis para obtener energía a través de la quema de grasas.

Es crucial que las personas con diabetes de tipo 1 puedan diferenciar entre la cetosis y la cetoacidosis, ya que esta última puede ser peligrosa por la falta de insulina. También se recomienda comenzar con una dieta baja en carbohidratos de manera menos estricta (al menos 50 gramos por día inicialmente) y adaptarla a su gusto con el tiempo.

Si bien las personas con diabetes de tipo 2 pueden mejorar enormemente su estado de salud hasta tal punto que pueden superar completamente la inyección de insulina, una persona con diabetes de tipo 1 todavía tendrá que seguir inyectándose la insulina, pero tal vez en menor cantidad.

CAPÍTULO 10: INTERCAMBIO ALIMENTICIO A TRAVÉS DEL CICLO MENSTRUAL

Todas las mujeres poseen hormonas, que están reguladas por tres glándulas principales: el hipotálamo (situado en el centro del cerebro), la pituitaria (situada en el cerebro) y las glándulas suprarrenales (situadas en la parte superior de los riñones). Estas glándulas son responsables de que el resto de las hormonas estén en correcto equilibrio, generando así un HPA (eje hipotálamo pituitario suprarrenal) que se encarga de controlar los niveles de estrés, los estados de ánimo, las emociones, la digestión, el sistema inmunológico, el deseo sexual, el metabolismo e incluso nuestros niveles de energía.

La ingesta de calorías, el estrés y el ejercicio físico pueden hacer que estas glándulas hormonales se vuelvan muy sensibles, por lo que debe considerarse que una dieta baja en carbohidratos podría afectar significativamente al cuerpo, estos cambios se verían reflejados en la actitud.

Se sabe que el estrés a largo plazo es capaz de generar daños muy graves en el cuerpo, ya que la sobreproducción de cortisol y norepinefrina crea un desequilibrio en el cuerpo que aumenta la presión sobre el hipotálamo y las glándulas suprarrenales. Esta presión causa una disfunción del eje HPA.

En lo que respecta a la fatiga suprarrenal, los síntomas más comunes que se pueden observar son la fatiga, la debilidad del sistema inmunológico y un riesgo muy alto de presentar problemas de salud.

La fatiga suprarrenal, al ser un poco similar a la fatiga suprarrenal tiene una serie de síntomas, entre los que podemos destacar: fatiga, sistema inmunológico deprimido o débil, posibilidad de sufrir hipotiroidismo, inflamación, diabetes, y trastornos del estado de ánimo a largo plazo; siendo estos muy graves para la salud.

Muchas veces el aumento de los niveles de cortisol se debe a que la persona está sometida a una dieta baja en carbohidratos. Como ya sabemos, esto es muy diferente en comparación con una dieta moderada en grasas y por esta razón, este tipo de dieta puede causar una alteración mucho mayor de los niveles de estrés en las mujeres que en los hombres.

El consumo de pocos carbohidratos, además de generar una alteración notable en los niveles de estrés, podría producir otras molestias como ciclos menstruales irregulares o amenorrea (esto significa la ausencia de ciclo menstrual durante 3 meses o más). La amenorrea se presenta por los bajos niveles de muchas hormonas diferentes como la liberación de gonadotropina (GNRH) que es la responsable de iniciar el ciclo menstrual y si este fallara, generaría un colapso en todas (o la mayoría) de las hormonas sexuales, fsh, lh, estrógeno, progesterona y testosterona.

Otra posible causa de la amenorrea son los bajos niveles de leptina (una hormona producida por las células grasas). Según los expertos, se menciona que, en las mujeres, un cierto nivel de leptina es muy necesario para mantener una función normal en el ciclo menstrual, con el fin de mantener el funcionamiento regular de las hormonas reproductivas.

El bajo consumo de calorías o carbohidratos puede hacer que los niveles de leptina se eliminen por completo, lo que da lugar a un ciclo menstrual irregular. Es muy común que las mujeres con bajo peso sean las más vulnerables a los bajos niveles de estas hormonas. La amenorrea suele aparecer después de un tiempo en una dieta baja en carbohidratos.

Cuando se hace la dieta keto, se experimentan diferentes cambios corporales, pero no todos son siempre negativos. La dieta keto puede ser muy útil para aquellas mujeres que sufren de POS (síndrome de ovario poliquístico), este trastorno es el que suprime el desarrollo de los ovarios y la liberación de los óvulos.

Muchos de los datos experimentales indican que las pacientes con POS que empiezan la dieta keto, logran recuperar un ciclo menstrual regular y también pueden contribuir a la fertilidad.

El exceso de insulina en el cuerpo de una mujer es capaz de causar un aumento considerable de sus niveles de andrógenos y testosterona, lo que genera una limitación en la producción de estrógenos y en la capacidad del cuerpo para ovular.

Cuando una mujer está en la dieta keto, debe prepararse (tanto física como psicológicamente) para los cambios por los que va a pasar.

Como ya se ha mencionado, es muy posible que entre los cambios que pueden producirse esté la devastación del ciclo menstrual debido a la pérdida repentina de peso (causada por la alteración del equilibrio de estrógeno y progesterona).

Sin embargo, un período irregular no puede ser un cambio preocupante ya que el ciclo menstrual puede detenerse por completo; esto sucede mucho en las mujeres que pierden mucho peso y son muy delgadas porque su cuerpo es más vulnerable a la amenorrea (ausencia de ciclo menstrual) debido a la anovulación (falta de ovulación).

Es importante señalar que es muy probable que estos problemas se atribuyan a una repentina pérdida de peso en respuesta a la dieta keto. De lo contrario, es muy probable que se deba a otros factores como un índice de masa corporal muy bajo, una dieta baja en calorías e incluso podría presentarse por un exceso de ejercicio; provocando la disminución de algunas hormonas que regulan la ovulación, lo que trae consecuencias de irregularidad.

La falta de carbohidratos podría ser otro factor clave en los problemas de ovulación, ya que afecta directamente a la hormona luteinizante que es liberada por el cerebro para ayudar a regular la ovulación. Cuando esta hormona se ve directamente afectada, puede producirse hipomenorrea (ciclos menstruales cortos y ligeros).

Seguramente te estarás preguntando… ¿Cuántos carbohidratos debe ingerir una mujer para evitar este tipo de problemas?

No es realmente posible indicar una cantidad exacta ya que cada cuerpo asimila la ingesta de alimentos de diferentes maneras.

En su mayoría, los nutricionistas indican consumir entre el 15 y el 30% de carbohidratos, lo que equivaldría a entre 75 y 140 gramos diarios de calorías en forma de carbohidratos; sin embargo, hay casos de mujeres en los que una dieta baja en carbohidratos tiende a beneficiar mucho más a su organismo (las que sufren de POS).

Pero, hay casos de mujeres a las que se les recomienda consumir entre 100 y 150 gramos de carbohidratos al día, estos pueden ser todos esos:

- Las madres que están amamantando.
- Las mujeres que han sufrido una interrupción de su ciclo menstrual.
- Mujeres que desean aumentar de peso.
- Mujeres que han practicado la dieta Keto durante mucho tiempo.
- Las mujeres embarazadas

Este tipo de ingesta de alimentos se recomendará a todas aquellas mujeres que padezcan los casos mencionados anteriormente; además, esta rutina logrará una armonía en su estado de ánimo y les proporcionará una buena cantidad de energía para realizar sus actividades diarias.

A partir de aquí, podríamos concluir que la dieta keto puede ser muy útil para aquellas mujeres que sufren de síndrome de ovario poliquístico que, como se mencionó anteriormente, es un desorden hormonal que impide que los ovarios liberen óvulos (permitiendo así una menstruación regular).

También sabemos que en algunos casos las mujeres que han hecho la dieta keto, han logrado tener un período regular, además de ayudar a la fertilidad de las mujeres.

¿Por qué?

Esto se debe a que, con el síndrome de ovario poliquístico, el exceso de insulina en el cuerpo de la mujer aumenta los niveles de andrógenos y testosterona limitando la producción de estrógeno y también la capacidad de ovular.

En conclusión, la dieta keto, además de promover la pérdida de peso, también ayuda a los síntomas del síndrome de ovario poliquístico. Es muy importante ver a un especialista antes de someterse a esta dieta porque, como se pudo ver, puede causar muchos cambios hormonales y es necesario estar preparado para ello.

También es muy recomendable no centrarse únicamente en la dieta keto sino complementarla con otro estilo (como recomienda su especialista). Así, además de mantener un peso ideal, te ayuda a seguirlo a largo plazo y obtener beneficios para tu cuerpo ya que la clave para un ciclo menstrual regular es seguir una dieta que se adapte a tus necesidades

CAPÍTULO 11: DIETA CETOGÉNICA Y FERTILIDAD

Una de las mayores ilusiones que tienen las mujeres es dar a luz a un niño. La gran mayoría de las mujeres sueñan con ello; desean criarlo hasta que sean mayores y quieren sentirse orgullosas de ellas. Desafortunadamente, no todas las mujeres son capaces de hacerlo por diferentes razones, como veremos más adelante, pueden ser las siguientes:

- Tener enfermedades sexuales no tratadas.
- Habiendo bloqueado las trompas de Falopio. Esto no permite que los espermatozoides lleguen al óvulo, por lo que no permite la etapa de gestación.
- Falta de ovulación. Si la mujer no genera óvulos, entonces no es posible hacer la unión espermatozoide-óvulo, que tienen que unirse para generar vida.
- Óvulos de mala calidad. Esto significa que no son capaces de generar un bebé, no importa cuántas uniones se hagan con el esperma.
- La forma en que se encuentra el útero limita o dificulta el tener un óvulo fecundado.
- Fibromas uterinos. Representa tener algún tipo de tumores, que no son cancerosos, que son como paredes o células musculares, localizadas en las paredes del útero, no permiten que los espermatozoides lleguen al óvulo.
- Tener una endometriosis. Significa que obtienes el mismo tejido que cubre el interior del útero fuera de él. Decimos esto, porque todo el tejido que cubre el interior del útero, también crece fuera de él; por lo tanto, crece en lugares donde no debería; lo que lleva a problemas de fertilidad.
- Tener ovarios poliquísticos. Esto indica que la mujer tiene una enfermedad, que tiene niveles extremadamente altos de hormonas específicamente andrógenos. Esta situación no sólo afecta a la fertilidad, sino que también afecta al efecto de tener irregularidades menstruales, problemas de acné y un aumento del vello corporal.

Si bien es cierto que la dieta cetogénica no es mágica y no podrá curar todas las condiciones, es cierto que puede ayudarnos con una de ellas; w con los ovarios poliquísticos. Es importante conocer perfectamente la razón por la que nos ayuda y de qué se trata; ya que la explicación que se ha dado anteriormente es muy ambigua o simple. Por lo tanto, es mejor explicarla de una mejor manera, para que podamos hablar de ella adecuadamente.

Lo primero es que es una condición muy común en las mujeres ya que se basa en un desorden hormonal en las mujeres que están en edad reproductiva. Para empezar, las mujeres que tienen esta condición tienen ciclos menstruales extremadamente irregulares, que pueden ocurrir rara o infrecuentemente, o también presentar un período de menstruación bastante largo. Además, genera un nivel excesivo de la hormona característica de los hombres, que se llama andrógeno. Gracias a todas estas condiciones que se pueden padecer al tener ovarios poliquísticos, se empiezan a formar pequeñas acumulaciones de líquido. Estas acumulaciones pueden ser de sangre, llamadas folículos en los ovarios que pueden hacer que los óvulos no se generen de forma normal o regular. Por consiguiente, causan problemas de fertilidad en las mujeres.

Lo primero y más esencial es saber si tienes ovarios poliquísticos. Esto se hace observándose a sí mismo y verificando si tiene un cúmulo de síntomas; si los tiene, se recomienda ir a un médico especialista. Afortunadamente esta condición tiene un tratamiento que supone un gran alivio para las mujeres que tienen infertilidad por causa de los ovarios poliquísticos.

Lo primero que podemos decir es que estos síntomas se pueden ver desde la primera menstruación que ocurrió en la mujer. Esto ocurre la mayor parte del tiempo, pero también existe la posibilidad de que ocurra en una etapa adulta; sin embargo, esto último puede deberse a un aumento de peso significativo. Pero es importante destacar que para que usted tenga una posibilidad real de tener el síndrome de ovario poliquístico, debe mostrar al menos dos de estos síntomas:

- Mucho andrógeno en tu cuerpo. Esto se puede ver de diferentes maneras, cuando hablamos de la forma física, puedes ver que tienes un exceso de vello facial o incluso vello corporal, pero también puedes ver que tienes una falta de vello, siendo un patrón masculino.

- Tener ovarios poliquísticos. Lo que significa que sus ovarios están dilatados, y también podrían tener folículos alrededor de sus óvulos, causando así un mal funcionamiento de los ovarios de las mujeres en una edad de fertilidad.
- Tener períodos menstruales irregulares. Con esto, queremos presentar una menstruación extra que no está prevista en absoluto con la cuenta de los veintiocho días para que se produzca la siguiente. También podría ser una irregularidad muy grande en la frecuencia con la que se produce cada una de las menstruaciones; siendo estos períodos muy cortos o muy largos. Este puede ser el signo más común para las mujeres que tienen el síndrome de los ovarios poliquísticos, esta irregularidad, podría ser que una mujer tenga 16 o 7 períodos menstruales en un año.

Pero el síndrome de los ovarios poliquísticos no aparece repentinamente, sino que tiene algunas causas, este síndrome tiene factores que pueden contribuir a deteriorar la situación de los ovarios de la siguiente manera:

Tener un exceso de insulina en la sangre: Esto sucede, como debe saberse, porque nuestro cuerpo es capaz de procesar la glucosa en nuestro organismo, que es la principal fuente de energía si tenemos una dieta tradicional rica en carbohidratos y la hormona responsable de hacerlo es la insulina; pero siempre y cuando esté en niveles normales en nuestro cuerpo. Pero si esta hormona se encuentra en un nivel alto, causando que las células sean resistentes a la insulina, habrá un alto nivel de azúcar en la sangre, lo que podría causar un aumento de andrógenos en nuestro cuerpo produciendo así una mayor dificultad en la ovulación.

Simplemente el exceso de andrógeno, y como dijimos anteriormente, esto causa una complicación muy grande para poder ovular, por lo que se hace casi imposible tener una buena fertilidad.

Estas causas también pueden ser simplemente hereditarias, por lo tanto, el síndrome de los ovarios poliquísticos puede ser simplemente porque la mujer ha heredado esta condición de sus antepasados.

Pequeña inflamación: se mide por la producción de glóbulos blancos que genera nuestro cuerpo, para poder combatir una infección. Las mujeres que tienen esta condición tienen un tipo de pequeña inflamación que estimulará los ovarios poliquísticos que a largo plazo generan más andrógenos. Entonces, además de generar problemas hormonales, también puede generar problemas generados con el corazón y los vasos sanguíneos.

Cuando vemos las estadísticas, y observamos las principales causas de infertilidad en las mujeres, podemos decir que el ochenta por ciento de ellas tienen obesidad, pero también tienen resistencia a la insulina y, como sabemos, tener tales condiciones aumenta las cantidades de andrógenos en nuestro cuerpo. Siendo la resistencia a la insulina la principal causa del síndrome de ovario poliquístico. De hecho, las últimas estadísticas nos dicen que más del noventa por ciento de las personas que tienen hiperinsulinismo, por supuesto en las mujeres, tienen el síndrome de los ovarios poliquísticos, siendo este un gran problema en el proceso de fertilización.

Por esta razón, vemos que una de las principales causas del síndrome de ovario poliquístico es tener un alto nivel de insulina, producto de tener un alto nivel de glucosa en la sangre y estos niveles de glucosa en nuestra sangre son producto de una dieta rica en carbohidratos o alimentos tradicionales. Por lo tanto, al hacer una disminución considerable de carbohidratos y azúcares, perderemos una cantidad considerable de peso, pero disminuye de manera más que considerable el nivel de glucosa en nuestra sangre, disminuyendo así una de las principales causas del síndrome de ovarios poliquísticos.

Lo primero es que, a la hora de perder peso mediante la dieta cetogénica, es posible reducir de forma extremadamente importante la inflamación. Si hubieras estado suficientemente concentrado durante este capítulo, habrías podido ver que la inflamación tiene una implicación directa con el proceso de fertilización porque si la mujer está inflamada es posible que se dañen las trompas de Falopio, causando así problemas en la fertilización. Por esta razón, al realizar la dieta del keto, podemos disminuir significativamente la inflamación dentro de nuestro cuerpo, ya que este tipo de alimentación recomienda el consumo de alimentos que son antiinflamatorios y sumamente saludables, logrando así disminuir la inflamación en nuestro organismo de tal forma que podamos desbloquear, la trompa de las trompas de Falopio. De esta manera se logrará una mejora en la posibilidad de quedar embarazada; sin embargo, en caso de tener las trompas de Falopio inflamadas, es difícil de determinar ya que no causa dolor, sólo infertilidad. Por lo tanto, una manera de tratar de combatir esta condición es aplicando este tipo de dieta.

Por otro lado, el consumo de una dieta cetogénica también permite tener un mejor control de las hormonas ya que las mujeres que poseen el síndrome de los ovarios políticos tienen un desorden hormonal. Este desorden produce un alto número de hormonas que deben ser generadas por el género masculino, causando estos problemas en el ámbito de la ovulación de la mujer; por ello, es necesario buscar algunas alternativas para poder controlar estas hormonas.

En este caso, la dieta del keto no se queda atrás y permite una reducción exagerada de la cantidad de glucosa en la sangre que permite controlar los niveles de insulina. Al hacer un bajo consumo de carbohidratos, estas células de glucosa no se generan, logrando así la regularización de las hormonas dentro del cuerpo de las mujeres. Por otra parte, hay especialistas en la materia que dicen que una disminución de peso, entre un cinco o un diez por ciento, puede implicar una mejor ovulación. Con esto, podemos decir que la dieta cetogénica puede ayudar a regular el comportamiento hormonal, llevando a conseguir algo tan maravilloso como la curación de algunas mujeres que sufrían problemas de infertilidad antes de hacer el tratamiento cetogénico. Hubo un experimento que se hizo con cuatro mujeres, que tenían la ilusión de ser capaces de concebir un hijo, pero no importaba cuánto lo intentaran o cuántos intentos hicieran, no habían sido capaces. Sorprendentemente, después de unos meses de haber empezado a llevar una dieta baja en carbohidratos, pero rica en grasas, no sólo perdieron considerablemente su peso, sino que también consiguieron reequilibrar sus hormonas, ayudándolas a resolver algunos de sus problemas de infertilidad.

En este caso, podemos decir que estos problemas de infertilidad pueden ser resueltos a través de la dieta cetogénica, pero con esto no queremos decir que pueda resolverlos todos, sólo algunos relacionados con el síndrome de ovarios poliquísticos y el sobrepeso. Como hemos venido diciendo a lo largo de todos los capítulos anteriores, nunca está de más acudir al médico o a un especialista para poder realizar un tratamiento en el que la mujer sea capaz de ovular o llegar a fecundar para alcanzar el milagro de la vida.

CAPÍTULO 12: RECETAS BÁSICAS

Como sabemos, la dieta keto es un plan de dieta baja en carbohidratos y alta en grasas. La aplicación de este plan hará posible reducir el peso y mejorar considerablemente ciertas condiciones como hemos discutido anteriormente, como los niveles de azúcar en la sangre y los niveles de insulina y así producir una transición en el metabolismo del cuerpo donde los carbohidratos serán reemplazados por la grasa y las cetonas.

Ahora, ¿cuáles son los alimentos que debemos evitar para comenzar con éxito este plan?

- Cereales: maíz, arroz, trigo, cebada, avena, granos, brotes, amaranto, centeno, entre otros.
- Legumbres: frijol común, garbanzo, frijol negro, lenteja de guisante verde, haba.
- Almidón: patata, zanahoria, yuca, boniato.
- Frutas: plátano, papaya, manzana, piña, naranja, uva, mango, mandarina, zumos de fruta, frutos secos, jarabe de fruta, concentrados.
- Alcohol: cerveza, algunos vinos, cócteles.
- Azúcares: miel, néctar de agave, miel de arce, azúcar, jarabe de maíz, fructosa, caña de azúcar.
- Los alimentos que debemos consumir y que también se recomiendan en esta dieta son los siguientes:
- Verduras y hortalizas: brócoli, coliflor, espinacas, champiñones, espárragos, berenjena, calabacín, coles de Bruselas, lechuga, pimentón, cebolla, tomate.
- Grasas: mantequilla o ghee, manteca de cerdo, mayonesa casera, aceite de coco, aceite de oliva, crema, chocolate negro, quesos grasos que se derriten fácilmente, aguacate, nueces y semillas como la linaza y la chía, almendras, harina de coco, leche de coco y leche de almendras.
- Frutas: bayas, moras, fresas, arándanos, frambuesas.

- Proteínas: atún, jamón, pollo, pavo, huevos, salchichas, salami, carne de vacuno, cerdo, ternera, tocino, pescado, preferentemente pescado azul, pato y mariscos.
- Se puede consumir comida enlatada pero primero hay que leer cuidadosamente los ingredientes y verificar que no contengan azúcares, jarabe de maíz o almidón.

Una vez que tenemos conocimiento de los alimentos que no debemos comer y los que debemos consumir podemos proceder a conocer algunas de las recetas básicas de keto. En este orden de ideas, vamos a proceder a mostrar algunas cortas pero deliciosas recetas simples que podemos preparar para comenzar a cambiar nuestro plan de vida y nuestra dieta.

TORTILLAS KETO CON LINAZA

Ingredientes:

- 300 gramos de queso mozzarella.
- 50 gramos de linaza molida, si la tienes en semillas puedes mezclarla fácilmente.
- Un huevo.
- Sal al gusto.

Pasos a seguir:

Primero, vamos a derretir el queso mozzarella (podemos hacerlo en el microondas o en un satén). Una vez que el queso se derrita, vamos a añadir la linaza molida y mezclar los dos ingredientes. Finalmente, vamos a añadir el huevo y la sal. Hay que destacar que todo debe ser mezclado muy bien para que las tortillas no queden con una consistencia no deseada.

Luego, dividir la mezcla en varias porciones, según la cantidad que salga y el número de personas, y en una cacerola a fuego medio extender las porciones durante unos cinco minutos; una vez cocidas, deben ser volteadas con una espátula para que se cocinen por el otro lado.

TORTILLA KETO CON HARINA DE ALMENDRAS Y COCO

Ingredientes:

- ¾ Taza de harina de almendra.
- 4 cucharadas de harina de coco.
- Un huevo.
- Sal al gusto.
- 2 cucharadas de agua caliente.

Pasos a seguir:

Poner todos los ingredientes en un bol, mezclar y amasar hasta obtener una masa homogénea que esté húmeda al tacto porque no queremos que sea líquida para poder manipularla.

Si vemos que la masa está demasiado seca, podemos añadir un poco de agua y amasar de nuevo y así trabajarás con la consistencia que quieras.

Una vez que tenga la masa con la consistencia deseada, envuélvala en un plástico para alimentos y déjela reposar por unos 10 minutos.

Una vez que ha descansado el tiempo suficiente, procedemos a dividir la masa en unas ocho porciones o en la cantidad que se quiera, según el tamaño de las tortillas que se quieran hacer.

A las tortillas se les puede dar la forma redonda, ya sea con las palmas de las manos de forma natural o con la máquina de hacer tortillas o con un rodillo de panadería, si está disponible.

Si lo hacemos con el método de las palmas, vamos a colocar las bolas de masa en un papel encerado y se le dará la forma redonda con las palmas de la mano.

Con la máquina de tortillas, colocará la bola de masa en el centro con el papel encerado para que no se pegue y se aplaste hasta que consiga la tortilla.

Otra forma es colocar las bolas de masa en el medio de dos hojas de papel encerado y estirarlas con el rodillo hasta que adquieran la forma, el tamaño y el grosor que queremos.

Si queremos que sean totalmente redondos podemos usar los cortadores que se usan en la pastelería.

Posteriormente procederemos a colocarlos en la sartén (preferiblemente antiadherente) a fuego medio, y dejarlos cocer durante 30 segundos aproximadamente o cuando observemos que comienza a cocinarse y cambia de color. Luego, las giramos para que se cocinen del otro lado durante unos segundos más y así sucesivamente hasta terminar la cantidad de tortillas deseada.

EMPANADAS DE CARNE DE KETO

Ingredientes:

Por la pasta:
- 1 ½ taza de harina de almendra.
- 1 ½ Taza de queso mozzarella.
- 100 gramos de queso crema.
- Un huevo.

Para el relleno:
- 1 cucharada de mantequilla preferiblemente Ghee o clarificada.
- ½ Kg. de carne molida, puedes mezclarla perfectamente con un poco de carne de cerdo y le dará un sabor sorprendente.
- 1 cucharada de cebolla finamente picada.
- ½ tomate picado.
- Sal al gusto.
- Pimienta molida a gusto.
- Consomé concentrado de caldo de carne, esto es opcional para añadir un poco más de sabor.

Pasos a seguir:

1. En una sartén a fuego medio añada la mantequilla, puede añadir un poco de chile si lo desea, cebolla, tomate, y vamos a freír durante unos minutos a fuego medio hasta que vea que sus ingredientes se integran y se cocinan.
2. Luego agregamos la carne, la mezclamos, la sazonamos con sal y pimienta al gusto, y si tenemos caldo de carne, lo agregamos y dejamos que todos los ingredientes se cocinen y mezclen durante unos cinco minutos aproximadamente o hasta que veamos que los ingredientes están bien mezclados y cocinados.
3. Vamos a dejar que la carne se cocine un poco y se seque, pero no mucho para que esté un poco jugosa, luego la dejaremos reposar para usarla para llenar la masa y hacer empanadas.

Por la pasta:
1. Mezclar el queso crema y el queso mozzarella en un bol, podemos derretir los quesos en el microondas o manualmente en una olla, lo importante es derretirlos para que se mezclen bien. Después de haber mezclado los quesos, añadimos el huevo, mezclamos bien para añadir poco a poco la harina de almendras, y vamos a mezclar hasta obtener una masa manejable, luego la dejamos reposar unos minutos.
2. Para hacer las empanadas hacemos unas cuantas bolas, el tamaño dependerá del tamaño que queramos nuestra empanada. De nuevo, podemos hacer tortillas con la palma de las manos, con la máquina para hacer las tortillas o en su defecto con el rodillo, como se explica en la receta anterior.
3. Una vez hecha la tortilla, añade el relleno de carne que dejamos reposar antes. Doblar la tortilla por la mitad y sellar la masa con el tenedor para que el relleno no se salga.
4. Luego coloca las empanadas en una bandeja con papel encerado y llévalas al horno a 180 grados centígrados durante 15 minutos o hasta que estén doradas. Y están listas para ser degustadas.

KETO PIZZA

Ingredientes:

- 200 gramos de harina de almendra.
- 700 gramos de queso mozzarella rallado.
- 75 gramos de queso crema.
- 2 huevos.
- 150 gramos de salami.
- 150 gramos de Pepperoni.
- 150 gramos de carne molida.
- 50 gramos de mantequilla Ghee.
- 50 ml de pasta de tomate sin endulzar.
- Sal al gusto.
- Orégano molido al gusto.
- Polvo de ajo a gusto.

Pasos a seguir:

1. Lo primero que vamos a hacer es precalentar el horno a 200 grados centígrados mientras preparamos la masa y la pizza.
2. Para la masa, vamos a derretir el queso crema y la mitad del queso mozzarella, podemos derretirlo como ya se conoce en el microondas o en una olla evitando por supuesto que el queso se queme. Sólo hay que alcanzar la temperatura necesaria para que se derrita y se puedan mezclar los dos quesos.
3. Una vez mezclados los quesos añadimos la sal a gusto, la harina de almendras, los huevos y mezclamos todo muy bien, sólo en caso de que sea necesario para poder lograr una mejor mezcla podemos colocar nuevamente nuestro recipiente en el microondas para derretir los quesos y mezclar bien.
4. En un molde de pizza, coloca un papel encerado para evitar que nuestra masa se pegue; vamos a extender la masa en el molde de pizza. Una forma de extender perfectamente la masa es con esta técnica: vamos a colocar la masa en el papel encerado y encima, vamos a colocar otra hoja de papel encerado y estirar. Una vez alcanzado el tamaño deseado retiramos el papel encerado de arriba y llevamos la masa al horno durante unos 10 o 15 minutos a una temperatura de 200 ºC hasta que vemos que empieza a asarse un poco.

5. Para el relleno de nuestra pizza, vamos a freír la carne con la mantequilla o si lo preferimos podemos hacerlo con aceite de oliva.

6. Una vez que la base de la pizza esté dorada, sáquela del horno y déjela reposar para que el queso se solidifique, luego agregue la pasta de tomate mezclada con ajo en polvo y orégano, añada la carne molida, el pepperoni, el salami en rodajas y finalmente el resto del queso mozzarella.

7. Lo ponemos de nuevo en el horno; esta vez por unos minutos porque todo lo que queremos es derretir el queso mozzarella, dejarlo enfriar un poco y estará listo para comer. Si queremos, también podemos agregarle aceitunas y hongos.

CREMA KETO DE CHAMPIÑONES CON ESPINACAS

Ingredientes:
- Un diente de ajo.
- ½ Cebolla mediana.
- 250 gramos de hongos en rodajas de preferencia natural.
- 1 cucharada de mantequilla Ghee.
- 300 ml de crema batida.
- Una taza de espinacas.
- Una pizca de sal al gusto.

Pasos a seguir:
1. En una sartén a fuego medio, agregue la mantequilla y cocine la cebolla y el ajo finamente picados. Cuando la cebolla tenga un color transparente, añadir los champiñones cortados en rodajas y revolver constantemente para que no se peguen hasta que estén dorados y caramelizados.

2. Luego añadiremos la nata montada, la pizca de sal, y moveremos con cuidado para incorporarla hasta que hierva.

3. Cuando rompa el hervor, agregue las espinacas, revuelva y deje cocinar por unos dos minutos para que las espinacas no se cocinen demasiado.

4. Todo lo que tenemos que hacer ahora si queremos, es mezclar todos los ingredientes para obtener la crema. Hay gente que no la mezcla y el sabor es

igual de maravilloso, una vez obtenida la crema la servimos caliente y la disfrutamos.

5. Si nos sobra crema, podemos refrigerarla en un recipiente con tapa y guardarla hasta la próxima vez que queramos consumirla, en ese momento, se puede calentar en una sartén a fuego lento. Esta receta también puede ser usada como una salsa para complementar un pollo o un cerdo y es igualmente deliciosa.

Como vemos, es fácil tomar este plan de alimentación y una vez que probemos las recetas nos daremos cuenta de que son tan sabrosas como las dietas habituales. Es crucial intentar que los alimentos estén acompañados de nutrientes que nuestro cuerpo pueda absorber, como espinacas y verduras, aceite de coco y otros alimentos que proporcionen una buena cantidad de vitaminas y nutrientes necesarios para nuestro cuerpo.

CAPÍTULO 13: ELECCIÓN DE ALIMENTOS

Ya sabemos que si seguimos una dieta adecuada podemos alcanzar los niveles deseados de cetosis y disfrutar de los muchos beneficios que esto proporciona.

Por eso es importante evaluar muy bien qué alimentos vamos a comprar al iniciar la dieta cetogénica. Lo importante es elegir productos que, además de estar permitidos en la dieta cetogénica, nos proporcionen las vitaminas y minerales que nuestro cuerpo necesita porque, al regenerarse y limpiarse el entorno celular, tendremos la capacidad de absorber todos los nutrientes de los alimentos ingeridos.

Basándonos en esto, vamos a hablar de algunos alimentos que se supone que deben ser consumidos en esta dieta por la contribución nutricional que tienen para nuestro cuerpo.

Los pescados blancos, como la merluza o similares, son una buena opción ya que son opciones magras y muy reducidas en calorías, pero con una proteína de alta calidad para nuestro cuerpo, especialmente por su alta proporción de omega 3, esencial para la salud.

El aguacate es una de las pocas frutas oleaginosas fuente de proteína vegetal admitida por la dieta keto y también ampliamente utilizada en este plan de alimentación por su gran versatilidad a la hora de preparar un plato ya que se utiliza para ensaladas, salsas e incluso postres. El aguacate es una fruta considerada un excelente antioxidante y rica en vitaminas y minerales, con una grasa natural muy utilizada en estas dietas keto.

Las verduras también están permitidas y se recomiendan ampliamente en la dieta cetogénica, especialmente las verduras verdes. Estas verduras verdes son fuente de vitaminas y fibras recomendadas; en el caso específico de la espinaca tenemos que es una verdura utilizada en la mayoría de los platos cetogénicos y es porque la espinaca, además de contener fibra, tiene vitamina A, B1, B2, C, K, calcio, fósforo, hierro, ácido fólico, es rica en magnesio, zinc y beta-caroteno, este último frena la acción de los radicales libres, haciendo que la espinaca sea considerada como un anticancerígeno natural. La espinaca puede mejorar el funcionamiento del sistema inmunológico y la visión. Como ya sabemos, los vegetales forman la mayor parte de la distribución de los alimentos que deben estar presentes en los platos diarios por lo que es necesario ingerir productos de buena calidad y con un gran aporte como las espinacas.

En el caso de los vegetales, no todos los vegetales están permitidos en la dieta del keto, esto se debe a que algunos de ellos tienen un alto contenido de almidón y carbohidratos que son procesados por el cuerpo como azúcar y, hasta donde sabemos, debemos evitarlo en este plan de dieta. Es el caso de las patatas, las batatas y la mandioca, por ejemplo. Sin embargo, hay otras verduras que están permitidas por ser bajas en carbohidratos, como la coliflor, el brócoli, el pimiento, el apio, el pepino, la berenjena y los espárragos. La coliflor es una verdura muy recomendada y utilizada, baja en carbohidratos y alta en fibra y vitamina C.

Cuando hablamos de quesos, lo primero que vamos a recomendar es el consumo de quesos orgánicos y desgrasados provenientes de animales alimentados preferentemente con pasto. Es importante poder evaluar la información nutricional de los quesos que se ingieren, mientras menos ingredientes tengan mejor son, ya que hay muchos productos que pueden tener estabilizadores que añaden carbohidratos y azúcares a los quesos.

Un tema de discusión es el consumo de leche, ya que contiene grandes cantidades de carbohidratos, por lo que la leche permitida es de frutos secos; como la leche de almendras y la leche de coco sin azúcar. El detalle es que muchos especialistas no recomiendan el consumo de esas leches porque para generar un vaso de leche de almendras, se requiere de grandes cantidades de almendras, superando así la cantidad de grasa que se puede ingerir diariamente. Se consumen grandes cantidades, por supuesto, eso es lo que se recomienda en la dieta keto, pero de forma moderada. Lo mismo se aplica a las harinas de almendra y de coco.

En el caso de la mantequilla clarificada o Ghee, al igual que los aceites permitidos, su contenido es claramente de grasa sin carbohidratos o proteínas. De hecho, más del 60% de la dieta cetogénica es grasa, por lo que son uno de los que se pueden utilizar con más confianza para la preparación de la mayoría de los platos. Se recomienda, como hemos dicho anteriormente, elegir productos de buena calidad y, actualmente, en el mercado hay una gran variedad de ellos.

La levadura nutricional es un buen aliado de las personas que aplican la dieta cetogénica porque cuando se espolvorea en las comidas se obtiene un delicioso sabor a queso, también es rica en vitamina B12 y a menudo se utiliza para hacer pasteles y panes.

Otro componente de la comida que no podemos dejar atrás y que queremos recomendar es el colágeno. Esto se puede encontrar en la gelatina extraída del caldo de las patas de vacuno, por ejemplo. El colágeno es la proteína más abundante en los mamíferos, incluyendo a los humanos. Es uno de los componentes más importantes, especialmente en estos procesos en los que las personas están perdiendo peso y reduciendo tallas y se requiere para mejorar la elasticidad de la piel. El colágeno ayuda a la piel, los huesos y los tejidos conectivos y representa casi un tercio de nuestra masa total de proteínas.

Por eso recomendamos encarecidamente consumir la gelatina que es colágeno de forma natural. La más usada es la gelatina hecha con caldo de piernas de res, que contiene una gran cantidad de proteína de colágeno. Hay un aceite usado en la dieta cetogénica que tiene muchas propiedades y es el aceite MCT, que consiste en ácido caprílico concentrado y que es 8 veces más concentrado que el aceite de coco.

Los TCM son ácidos grasos de fácil absorción que se metabolizan muy rápidamente y se convierten efectivamente en energía duradera para el cerebro y el cuerpo, y ayudan a aumentar la energía, la resistencia y la concentración mental mientras se encuentran en un estado de bajo contenido de carbohidratos o en estado cetogénico.

El aceite de MCT aumenta el metabolismo y mejora la capacidad del cuerpo para quemar grasa corporal como fuente de combustible. Como el aceite de MCT es naturalmente insípido e inodoro puede ser fácilmente mezclado con la comida sin alterar sus sabores. Para aquellos que empiezan a consumir este tipo de aceite, es aconsejable empezar con media cucharadita que se puede añadir al café de la mañana o en el café con el que se va a romper el ayuno, por ejemplo.

La Sal Rosa del Himalaya es otra buena recomendación que se puede añadir a la cantidad de productos que hay que adquirir si se va a iniciar esta dieta, ya que es una sal que conserva todos los minerales y electrolitos esenciales, promueve niveles saludables de pH en el cuerpo, contiene yodo natural, mejora la circulación y no aumenta la presión arterial. Por lo demás, la sal común no es recomendable porque sus minerales se pierden en el proceso de industrialización y puede causar alta presión en el cuerpo cuando se consume en exceso; el yodo de este tipo de sal se agrega artificialmente y también incluye compuestos antiglomerados. Así que cuando consuma sal en nuestras comidas elija la sal rosa o la sal del Himalaya.

Con todo lo que hemos podido apreciar hasta ahora, tenemos que, dentro de la gran variedad de alimentos permitidos, si evaluamos e investigamos sus enormes propiedades y, además, buscamos diferentes combinaciones de platos o menús que podamos hacer con ellos, no nos encontraremos en la necesidad de aburrirnos de este estilo de vida. Tenemos que aprender por qué algunas verduras, por ejemplo, no están permitidas en el plan de alimentación, sólo así y adquiriendo el conocimiento sobre el contenido nutricional de cada uno de los alimentos que consumimos, adquirimos conciencia y responsabilidad de no consumirlo.

Hablemos de los cereales. Tienen una cierta cantidad de almidón, algunos tienen más que otros, que se metabolizan en nuestro cuerpo en forma de azúcar; algo que no debemos consumir en la dieta keto. Por lo tanto, este tipo de alimento debe ser evitado, como en el caso del arroz, y podemos reemplazarlo con arroz keto usando coliflor. Hay una gran variedad de opciones que podemos hacer y tratar de ajustar el plan, no sólo a nuestras necesidades económicas sino también a las necesidades y requerimientos de nuestro cuerpo.

En el caso del alcohol, no es recomendable consumir cerveza, cócteles y algunos vinos. En la dieta cetogénica, se pueden permitir algunos tipos de vinos, como el vino seco que contiene menos de 0,5 gramos de azúcar por vaso. La mayoría de los vinos son presentaciones de bebidas con concentraciones de carbohidratos debido a varios procesos de fermentación como el glicerol, que tiene un efecto mínimo sobre la concentración de azúcar en la sangre o los niveles de insulina. Con esta información, podemos usar la analogía de que cada vez que consumimos un vaso de vino estamos bebiendo 2 gramos de carbohidratos.

Al aplicar la dieta cetogénica, si queremos lograr los beneficios y poder obtener los niveles de cetosis, no sólo debemos ser conscientes de que debemos seguir las indicaciones de la dieta cetogénica, sino también tener algunos ejemplos y algunos conocimientos que debemos tener en cuenta al elegir los alimentos. Conocimientos como: qué vegetales no están permitidos y cuáles son las consecuencias de su consumo. También debemos evaluar qué alimentos consumiremos y por qué, qué beneficios aportaría a mi dieta. Si hacemos este proceso de forma planificada organizando un menú semanal, por ejemplo, podemos alcanzar nuestros objetivos fácilmente.

Como se ha reiterado en varias ocasiones, este tipo de alimentos debe ser supervisado por un nutricionista o un experto en la materia porque cada organismo reacciona de manera diferente y las necesidades de una persona no son las de otra. Además, cada persona puede tener diferentes problemas inflamatorios o alergias alimentarias que deben considerarse antes de iniciar cualquier dieta. Aunque la dieta del keto es maravillosa y tiene una amplia variedad de beneficios comprobados, también es cierto que cada persona debe ser evaluada por un experto.

CAPÍTULO 14:
DESAYUNO

Cuando se practica un plan de alimentación tradicional (con esto nos referimos a uno que tiene una ingesta normal de carbohidratos) se dice que el desayuno es una de las comidas más importantes del día, ya que la gente pasa un largo período sin comer alimentos de la noche del último día. Esto implica que es la primera comida del día; la que permite a las personas obtener suficiente energía para enfrentar su día con todos los desafíos que pueda tener. Si no se desayuna y luego se almuerza, por ejemplo, es muy probable que la gente sienta hambre durante todo el día.

Por las razones mencionadas anteriormente, es importante mostrarles algunas recetas para tener un buen desayuno cetogénico.

TAZAS DE HUEVO, JAMÓN Y QUESO

Esta es una receta muy simple, ya que no se necesitan muchos ingredientes. Son el queso, el jamón y los huevos; son ingredientes que se pueden encontrar en cualquier nevera. Además, no es muy complicado de preparar ya que no tienes que ser un chef para hacerlo. Además, también puede hacerse muy rápidamente, en un tiempo aproximado de veinticinco minutos. Así que, si tienes prisa por la lucha diaria, esta receta es muy buena para ti. Los ingredientes son los siguientes:

- Una cucharada de mantequilla.
- Doce lonchas de jamón.
- Una taza de queso cheddar rallado, o un queso que sea graso.
- Doce huevos grandes.
- Sal al gusto.
- Pimienta al gusto.
- Perejil recién cortado.

Cuando vemos estos ingredientes, podemos ver que la receta no requiere nada fuera de lo común. Por lo tanto, cualquiera puede hacer esta receta y como verán a continuación, no es un proceso muy difícil.

1. Precaliente el horno a 400°.
2. Engrasar una bandeja de panecillos con mantequilla; vas a engrasar las cavidades de los panecillos.
3. Coloca las rebanadas de jamón dentro de las cavidades de los panecillos cubriéndolas con el jamón.
4. Coloca el queso dentro de cada cavidad, sobre el jamón que ya ha sido colocado.
5. Romper un huevo por cada cavidad del panecillo encima del queso.
6. Sazonar con pimienta y sal a gusto.
7. Decora con perejil.

Observando cómo se prepara, se puede ver que su preparación es extremadamente simple, por lo que se puede cocinar sin necesidad de tener conocimientos avanzados en la cocina. Todo lo que tienes que hacer es precalentar un horno, y luego poner el jamón, el queso y el huevo, y esperar hasta que todo esté listo. Esta receta es muy simple, pero al mismo tiempo, es muy sabrosa.

PIMIENTOS RELLENOS

Para esta receta no se necesita mucho, sólo pimientos y huevos. Obviamente, puedes añadir los ingredientes que quieras, siempre y cuando lo que quieras añadir esté permitido en la dieta cetogénica. Esta receta es tan simple como la anterior, pero en este caso, en lugar de usar moldes para panecillos, usaremos los pimientos.

Los ingredientes son los siguientes:
- Dos pimientos grandes, cortados por la mitad y con semillas.
- Ocho huevos batidos.
- Un cuarto de taza de leche.
- Cuatro tiras de tocino, cocidas y tostadas, cortadas en pequeños cuadrados.
- Una taza de queso cheddar rallado.

- Dos cucharadas de cebolletas, finamente picadas.
- Sal al gusto.
- Pimienta al gusto.

Como puedes ver, la receta no necesita muchos ingredientes, y los que necesitas son muy comunes, por lo tanto, para que hagas este desayuno, no necesitas muchas cosas. Por si fuera poco, el proceso para cocinar este desayuno es extremadamente simple.

1. Precaliente el horno a 400°.
2. Coloca los pimientos en una bandeja de horno boca arriba y añade un poco de agua.
3. Ponga los pimientos en el horno durante unos cinco minutos.
4. Bate los huevos y la leche hasta que estén suaves.
5. Añade trozos de tocino, queso, cebolleta, sal y pimienta al gusto.
6. Vierta la mezcla en los pimientos y déjelos en el horno. Déjelos unos treinta o cuarenta minutos en el horno.

Como pueden ver, esta receta es extremadamente simple y no necesita mucho más que simples ingredientes. Esta receta consume un poco más de tiempo que la otra, pero vale la pena, así que sólo podemos recomendar que la cocines y la pruebes.

CAPÍTULO 15:
ALMUERZO

El almuerzo es una comida vital para el ser humano, incluso a pesar de estar en una dieta cetogénica, siempre es importante comer tres comidas al día. Saltarse una de las tres comidas principales afecta al metabolismo de cada persona.

Para poder hacer tal dieta, y no sufrir en el intento, le recomendaremos que haga las siguientes recetas:

ENSALADA DE HUEVO COBB

Comer ensalada siempre es bueno, por eso, te recomendamos que la comas. Tiene diferentes alimentos ricos en grasas; son alimentos como el tocino o el aguacate que tienen grasas naturales que ayudan a nuestro cuerpo a entrar en la cetosis. Los ingredientes son los siguientes.

Ingredientes:
- Tres cucharadas de mayonesa, preferiblemente natural.
- Tres cucharadas de yogur griego, ya que es el más saludable de todos.
- Dos cucharadas de vino tinto.
- Sal Kosher.
- Pimienta negra al gusto, ya que esto no afecta al proceso de cetosis.
- Ocho huevos hervidos, puede cortarlos como desee, se recomienda cortarlos en varios trozos redondos para la decoración, pero si es una persona a la que no le importa el aspecto, córtelos como quiera. Esa cantidad es la mínima, pero puede usar la cantidad de huevos cocidos que desee.
- Ocho tiras de tocino, que puedes cortar en tiras o cuadrados. Al momento de cocinar, se recomienda esta cantidad como mínimo, pero podría consumir más tocino, para poder decorar la ensalada de huevo Cobb.

- Un aguacate que debe ser cortado en tiras finas. Puedes cortarlo como quieras, ya sea en cuadrados o en tiras y puedes consumir la cantidad de aguacate que desees.
- Media taza de queso azul rallado o desmenuzado, este queso no es exclusivo, puedes consumir el queso que quieras, como el ahumado o el amarillo siempre y cuando sea alto en grasa.
- Media taza de tomates cherry, los mismos cortados por la mitad. Si no tienes este tipo de tomates, también puedes comer tomates normales, cortados en pequeños cuadrados.
- Una cantidad de dos cucharadas de cebollino picado muy pequeño.

Ahora, el proceso de preparación es muy simple, sólo se necesitan dos pasos sencillos.

1. En un pequeño recipiente agregar la mayonesa, el yogur griego y el vino tinto, revolver bien hasta obtener una mezcla homogénea, después de hacerlo, proceder a agregar sal y pimienta. Este paso es el responsable de hacer la salsa, o mejor dicho el aderezo de la ensalada.
2. Luego, en un recipiente más grande, procedemos a agregar los huevos, el tocino, el queso de su elección y los tomates cherry; después de que estén todos allí procedemos a agregar gradualmente el aderezo previamente hecho, se va a ir agregando hasta que todos los ingredientes estén bien cubiertos con él, después de eso, probamos la ensalada y procedemos a agregar sal y pimienta al gusto. Finalmente, se agrega el cebollino para decorar la ensalada al gusto.

Como puedes ver, el proceso y los ingredientes para hacer esta ensalada fueron realmente muy simples. La preparación no debe tomar más de diez minutos ya que sólo hay que cortar las verduras, cocinar el tocino, hacer los huevos, y mezclar bien, lo que no debe tomar mucho tiempo ni conocimientos en el campo culinario.

AGUACATES RELLENOS

Esta es una receta muy simple y rápida, para la cual no se necesitan muchos ingredientes. Todo lo que necesitas son aguacates, cebollas, quesos grasos, nada demasiado exótico o muy difícil de conseguir porque sólo necesitas cosas que puedes conseguir en tu mercado doméstico. Además, no necesitas ser un chef ya que esta receta es extremadamente simple; por otro lado, si tienes prisa tampoco perderás mucho tiempo ya que el tiempo que te llevará preparar esta receta es entre diez minutos o un poco más. Las cantidades de la receta equivalen a unas cuatro porciones para las personas que no comen mucho, pero para las personas que están acostumbradas a comer mucho, podrían servir como dos porciones.

Los ingredientes son los siguientes:
- Cuatro aguacates bien maduros.
- El jugo que se puede obtener de un limón.
- Una cucharada de aceite de oliva, preferiblemente virgen extra.
- Una cebolla de tamaño medio, que se pica como se prefiera.
- Una libra de carne molida.
- Condimentos de su preferencia para preparar los tacos. Además, hay paquetes hechos para que usted prepare los tacos.
- Sal Kosher a tu gusto.
- Pimienta negra, fresca y recién molida.
- Una taza de queso amarillo, o también queso mexicano rallado.
- Media taza de lechuga picada.
- Pequeños tomates cereza picados, o tomates normales picados en pequeños cuadrados.
- Crema agria, para la consistencia y la decoración.

Después de tener todos estos ingredientes, podemos proceder a la preparación, pero hay que tener en cuenta que para hacer esta receta; los ingredientes que acabamos de mencionar son los básicos así que si quieres añadir más ingredientes puedes hacerlo. Siempre y cuando no se salga de lo que estipula la dieta cetogénica, que es no consumir carbohidratos o azúcares. Bueno, explicado ese punto, procederemos a explicar cómo hacer su preparación.

1. Tomamos nuestros aguacates y los cortamos por la mitad, sacamos la semilla, deshuesando el aguacate, dejando, así como un agujero en el aguacate, que es

el espacio ocupado por la semilla. Finalmente, ponemos jugo de limón a nuestros aguacates, para evitar que se oxiden.

2. Luego, colocar en una sartén a fuego medio el aceite hasta que esté burbujeante, en ese momento, que el aceite está muy caliente, agregar las cebollas que ya habían sido picadas. Déjelas cocinar hasta que estén doradas, esto puede tomar un poco, unos tres o cinco minutos.

3. Añada la carne molida y el condimento de su preferencia; luego, con la ayuda de una cuchara de madera, mueva la carne, también siga condimentando con sal y pimienta. Después, la carne de vaca se va a poner en la sartén con las cebollas. Cocinar hasta que la carne no esté rosada, esta cocción de la carne dura unos cinco o seis minutos.

4. Después de que la carne se cocine, escurra la grasa de la misma.

5. Después de escurrir la carne, proceda a tomar el aguacate y rellene los agujeros del mismo con toda la carne molida sazonada. Finalmente, en la parte superior del aguacate relleno, agregue el queso, el tomate, la lechuga, la crema agria y disfrute de su comida.

Como puedes ver, para hacer la receta de los tacos de aguacate no necesitas ser un chef. Sólo toma un poco de tiempo, y no es mucho ya que debería tomar unos diez minutos, por lo tanto, esta receta es extremadamente efectiva cuando estás ocupado o apurado. Además, le permitirá continuar con un estilo de vida keto sin perder o saltarse buenas comidas porque practicar este estilo de comida, no significa comer mal o insípido, es todo lo contrario.

KETO BACON SUSHI

Para los amantes de la comida asiática, especialmente los del sushi, tenemos este plato, que no es realmente sushi, pero tiene su forma porque al prepararlo, le daremos la forma de ellos. Es muy similar al sushi tradicional, pero uno cetogénico. Tampoco se necesitan ingredientes especiales, porque se pueden usar zanahorias, pimientos, entre otros. También es importante decir que esta receta también proporcionará un equilibrio perfecto, ya que se comerán verduras y algunas grasas. El tiempo estimado para hacer esta receta, sumando el tiempo para cortar todos los ingredientes, y luego cocinarlos, es de media hora, por lo tanto, aunque podríamos ver un aumento en el tiempo de cocción de la receta, también podemos ver que estamos ampliando nuestro menú con recetas simples.

Los ingredientes son los siguientes:
- Seis lonchas de tocino, las mismas cortadas por la mitad, para luego poder usarlas para hacer la cobertura de los trozos de sushi. El tocino en esta receta actuará como el alga marina, que cubrirá el sushi.
- Dos pepinos, se recomienda que los mismos sean cortados en rodajas finas.
- Dos zanahorias medianas, también se recomienda que las zanahorias se corten en rodajas muy finas.
- Cuatro onzas de queso crema, bastante suave, para que después se pueda mezclar con otras cosas.
- Semillas de sésamo para decorar.

Después de tener los ingredientes picados y todo listo, procedemos a comenzar el proceso de cocción, pero no sin antes especificar qué podemos hacer sushi keto con cualquier vegetal, en este caso, estamos usando zanahorias, pero pueden ser reemplazadas por pimientos para decir algo diferente a las zanahorias. Ahora, pongámonos a trabajar.

1. El primer paso es precalentar el horno a cuatrocientos grados centígrados.
2. Tomamos algunas de nuestras bandejas, que usamos para hornear y las envolvemos en papel de aluminio.
3. Coloca el tocino sobre el aluminio que ha cubierto tu bandeja, para que se pueda cocinar. Debe ser colocado de tal manera que las mitades del tocino sean simétricas o, mejor dicho, colocar el tocino de manera que se cree una capa uniforme. Deben ser horneadas hasta que el tocino esté crujiente pero también que sea un poco fácil de doblar, poseyendo un cierto grado de flexibilidad.
4. Luego corta las zanahorias, aguacates y pepinos al mismo ancho que el tocino.
5. Después de que el tocino haya descansado para que puedas tocarlo con tus manos, procederás a poner un poco de queso crema sobre los extremos del

tocino y procederás a tomar las verduras que ya habías picado y las colocarás uniformemente sobre él. Preferiblemente, coloque esas verduras en los extremos del tocino.

6. Enrolle las verduras rápida y firmemente con el tocino.
7. Finalmente, procedimos a decorar la receta con semillas de álamo al gusto de cada invitado.

Como pudimos ver con esta receta, que suena deliciosa, no necesitas mucho para comer delicioso, sólo necesitas imaginación y un poco de tiempo. Como dijimos anteriormente, las verduras pueden ser reemplazadas, no sólo podemos hacer sushi de keto con zanahorias, también podemos usar tomates, pimientos, pepinos, entre otros alimentos. Sólo se necesita imaginación para hacer esta receta más diversa y más deliciosa.

Como pueden ver en este capítulo, con estas tres recetas de almuerzos cetogénicos, no perderán la calidad de su comida, sólo que no consumirán carbohidratos. Con esto, queremos decir que su comida no perderá sabor. En su lugar, la mantendrá, por lo tanto, no le será difícil migrar a este tipo de comida cetogénica ya que como puede imaginar, el sabor es delicioso y se alimentará mejor, celularmente hablando. Lo que podemos decirles es que prueben estas recetas, investiguen nuevas y diferentes recetas para hacer almuerzos variados, y creen los suyos propios.

CAPÍTULO 16:
CENAS

Generalmente, la cena es un plato difícil de planear. Tal vez pasamos todo el día en la mayoría de los casos en la calle y cuando llegamos a casa no queremos menús muy elaborados o difíciles. Sin embargo, habrá ocasiones especiales en las que tendremos tiempo de preparar una deliciosa cena. Para los que practican el ayuno, probablemente sea su segunda comida del día, para los que no, hablamos de la tercera comida del día. Independientemente del caso, debemos tener en cuenta que en la cena se recomienda no consumir o reducir al máximo el consumo de carbohidratos. En este orden de ideas, daremos algunas recetas para la cena siguiendo el estilo cetogénico.

PECHUGAS RELLENAS DE SALSA DE PESTO Y QUESO MOZZARELLA

Ingredientes:
- 3 pechos
- 250 gramos de queso mozzarella aproximadamente, si te gusta mucho el queso añade más.
- Un gran manojo de albahaca fresca.
- 1 diente de ajo
- Aceite de oliva al gusto
- Un puñado de almendras
- Queso parmesano rallado al gusto.
- Sal y pimienta al gusto

Pasos a seguir:
1. Lavar bien las hojas de albahaca y añadirlas al vaso de la licuadora. Ahora agregue las almendras y el diente de ajo entero pelado. Luego agregue de 3 a 4 cucharadas de aceite de oliva, un poco de sal y pimienta al gusto y proceda a mezclar. Debemos obtener una emulsión cremosa; si vemos que le falta más

líquido, podemos añadir más aceite hasta que llegue al punto que más nos guste al paladar.

2. Debemos asegurarnos de que todo (especialmente el ajo) esté bien aplastado.
3. Cuando la salsa esté lista, mezclada, y con la consistencia deseada, añade el queso parmesano y, si quieres, vuelve a mezclar a velocidad media, hay gente que no mezcla el queso y puede hacerlo también.
4. Ahora con este delicioso pesto, vamos a llenar los pechos.
5. Vamos a abrir los pechos como si fueran libros, y vamos a añadir sal y pimienta al gusto.
6. Añadimos una buena y apetitosa capa del pesto que ya preparamos y luego colocamos varias rebanadas de queso mozzarella encima.
7. Enrolle los pechos y sujételos con palos de madera o bambú.
8. Podemos cocinarlos en el horno o en una sartén antiadherente. Y la sabrosa cena de pechugas rellenas de pesto y queso parmesano está lista.

MERLUZA CON SALSA ROMESCO Y VERDURAS

Este plato es ideal para la noche cuando se quiere hacer una comida más elaborada. La salsa es ideal para acompañar tanto al pescado como al pollo, según sea el caso. Esta receta está diseñada para obtener una salsa espesa, puedes hacerla más líquida si quieres. Aquí utilizo la merluza, pero puedes elegir el pescado que quieras.

Ingredientes:
- 1 ¼ Taza de almendras
- 2 dientes de ajo
- 500 gramos de pimientos
- 3 tomates
- 1 cebolla de Gran
- Media Cebolla o una Cebolla mediana.
- Aceite de oliva
- Sal al gusto
- Pimienta al gusto

- 3 merluza

Pasos a seguir:

1. Primero, hagamos la salsa. Cortar los pimientos en trozos y procesarlos junto con el tomate, la cebolla, el ajo y las almendras; hay que procesarlos mucho. Vamos a procesar durante unos 30 segundos; cuando estemos procesando todo añadimos unas tres o cuatro cucharadas de aceite de oliva. Vemos la consistencia mientras procesamos la mezcla. Cuando decimos "procesar" queremos decir "cocinar".

2. Cuando la salsa está lista se procede a hacer la merluza, una vez limpia y fileteada se le agrega un poco de limón, este paso es opcional según el gusto de cada uno, pero el aderezo con limón le da un maravilloso aroma y sabor al pescado. Luego vamos a sazonar con sal y pimienta. Y vamos a colocarlos en una sartén, preferiblemente antiadherente, y cocinarlos cuidadosamente a fuego medio hasta que estén listos. Obviamente, tendremos que voltearlos para que se cocinen por ambos lados.

3. Una vez que esté listo y servido, agregue la salsa romesco sobre la merluza.

Si lo desea, puede acompañarlo con aguacate y tocino frito, es una maravillosa combinación para este plato.

TORTILLA DE BRÓCOLI Y SALCHICHAS

Es un plato sencillo de preparar para la cena y dentro de los estándares de la dieta cetogénica. Si te gusta, puedes añadirle más verduras.

Ingredientes:

- Un brócoli grande y entero.
- 2 o 3 salchichas; debe ser pollo orgánico, preferiblemente precocido.
- Mantequilla clarificada o Ghee.
- 6 huevos grandes preferiblemente.
- Orégano fresco, perejil picado.
- Sal al gusto.

- Pimienta al gusto.
- Un aguacate.

Pasos a seguir.

1. Lo primero que vamos a hacer es cocinar el brócoli. Se recomienda hervir primero el agua en una olla y una vez que el agua esté hirviendo vamos a colocar el brócoli en un período de unos 3 a 5 minutos ya que no queremos que se cocine demasiado. En realidad, estará mejor al dente. Una vez cocido el brócoli, lo sumergimos en agua helada para detener la cocción, y luego lo picamos en pequeños trozos y le añadimos sal al gusto.

2. En una sartén agregue la mantequilla de ghee y las salchichas que fueron previamente cortadas en rodajas finas y cocínelas. Cuando estén listas, agregar el brócoli, freírlo junto con las salchichas y agregar sal, orégano, perejil finamente picado a gusto, y freírlo unos minutos más. En un bol, vamos a verter los huevos y batirlos hasta obtener una mezcla homogénea.

3. Luego en la sartén donde tenemos la salchicha y el brócoli fritos, vamos a verter los huevos y dejarlos cocinarse por unos minutos. Cuando observemos que la tortilla está casi hecha, la sacamos con cuidado de la sartén, la sacamos y la giramos para que se cocine por el otro lado durante unos minutos más.

4. Una vez que la tortilla esté lista la servimos y sobre ella vamos a poner el aguacate cortado en rodajas, además, si es de nuestro gusto podemos espolvorear sobre ella un poco de sal y pimienta para darle el toque final.

CAPÍTULO 17: DIENTES DULCES, BOCADILLOS Y POSTRES

Al comenzar cualquier dieta y principalmente la dieta Keto, podríamos sentir hambre o ansiedad en algunos momentos. Para evitar esa sensación es aconsejable comer algunos bocadillos siempre que no contengan carbohidratos. De esta manera podemos mantenernos en la línea de Keto.

Recordemos que los bocadillos son en su mayoría un tipo de comida ligera que comemos cuando tenemos ansiedad, estos en cierto modo nos dan energía. El problema se produce cuando estos bocadillos se comen en grandes cantidades y muy a menudo, ya que están hechos de ingredientes pesados que proporcionan más grasa a nuestro cuerpo.

Hay muchas maneras de calmar la ansiedad o la sensación de hambre con opciones placenteras y saludables para que no seamos culpables de darnos una probada. A continuación, les mostraremos una variedad de opciones de bocadillos aprobados por expertos en keto que nos mantendrán satisfechos sin dejar la dieta.

Estas recetas podrían ser ideales como aperitivo o incluso como cena ya que no requieren mucha preparación:

- Rebanada de queso untada con mantequilla
- Apio relleno de queso crema
- Rebanada de mantequilla fría untada con mantequilla de cacahuete
- Lechuga o pepino untado con mayonesa
- Rábanos pequeños con mantequilla
- Papas fritas de queso parmesano con mantequilla
- Rodajas de queso y salami enrolladas
- Tocino en rodajas con mantequilla de cacahuete o mantequilla
- Un cuadrado de chocolate negro con mantequilla
- Una cucharada de mantequilla o aceite de coco derretido en el té o el café

Por otro lado, tenemos una lista de bocadillos un poco más elaborada y sabrosa para esos momentos de ansiedad. Los bocadillos cetogénicos son una buena opción para mantenernos a dieta en caso de que tengamos hambre.

BERENJENAS FRITAS

Ingredientes:

- 2 berenjenas
- 475 ml (250 g) de almendras molidas
- 1 cucharadita de pimienta de cayena
- Sal y pimienta negra a gusto
- 2 huevos
- 2 cucharadas de aceite de coco en spray

Preparación:

1. Precalentar el horno a 400°F (200°C).
2. Pela las berenjenas y córtalas en papas fritas. Añade sal (un poco) por todos los lados para evitar que la berenjena se vuelva amarga.
3. En un bol no muy profundo, mezclar la almendra molida, la cayena y la pimienta, en otro bol añadir los huevos batiendo hasta que hagan espuma.
4. Pasa las berenjenas picadas por las almendras, por los huevos y otra vez por las almendras.
5. Coloca las "patatas" de las berenjenas en una bandeja de horno previamente engrasada, espolvorea aceite de coco por encima.
6. Hornee durante 15 minutos o hasta que esté marrón dorado y crujiente.

BOLAS DE TOCINO Y QUESO CHEDDAR

Estas bolas no sólo son deliciosas sino también ketogénicas, el tocino y el queso cheddar son una combinación perfecta y deliciosa, aquí dejamos la preparación:

Ingredientes:

- 150 g de tocino
- 1 cucharada de mantequilla
- 150 g (150 ml) de queso crema
- 150 g de queso cheddar
- 50 g de mantequilla (a temperatura ambiente)
- ½ cucharadita de pimienta negra molida

Preparación:
1. Derretir la mantequilla y freír el tocino hasta que se dore.
2. Sáquelo de la sartén y déjelo enfriar en papel absorbente.
3. Corta el tocino en pequeños trozos y colócalos en un tazón.
4. En otro tazón, mezcla el exceso de grasa del tocino con el resto de los ingredientes.
5. Deje la mezcla en el refrigerador durante 15 minutos para que se endurezca.
6. Monta las bolas, pásalas sobre el tocino y sirve.

ESPINACAS, ALCACHOFAS Y SALSA DE QUESO CREMA

Ingredientes:
- 1 pepino, cortado en palos
- 2 tazas de espinacas
- 2 corazones de alcachofa
- 1 cucharadita de queso crema
- Sal de grano

Preparación:
1. Cocina las espinacas con un poco de sal de grano, escúrrelas y enfríalas.
2. Picar los pepinos y reservar
3. Cortar los corazones de alcachofa en cuatro, añadirlos en un bol con las espinacas.
4. Añade la crema de queso, el condimento y la mezcla de todo.

PAN DE FOCACCIA CON AJO Y ROMERO

Ingredientes:

- 175 g (375 m) de mozzarella triturada.
- 2 cucharadas (30g) de queso crema.
- Una cucharadita de vinagre de vino blanco.
- Un huevo.
- 175 ml (100 g) de almendras molidas.
- ½ cucharadita de sal.
- ½ cucharadita de polvo de ajo.
- 50 g de mantequilla a temperatura ambiente.
- 3 dientes de ajo, finamente picados
- ½ cucharadita de sal marina
- ½ cucharadita de romero fresco picado

Preparación:

1. Precalentar el horno a 200 °C (400 °F)
2. Caliente el queso crema y el queso mozzarella en una cacerola a fuego medio (también se puede usar el microondas) y revuélvalo ocasionalmente.
3. Añade el resto de los ingredientes y mézclalos.
4. Aplanar la masa hasta que tenga una forma redonda, no más de 20 cm por encima del papel de hornear.
5. Usando un tenedor, haga pequeños agujeros, hornee durante 12 minutos o hasta que se dore, luego remueva y deje enfriar.
6. Preparar una mezcla con ajo, mantequilla, sal y romero, untarla en el pan y colocarla en una parrilla o asador.
7. Deje por 7 minutos...

SALCHICHAS DE ESTILO MEXICANO

Ingredientes:

- ½ taza de cebolla picada

- ½ tomate
- 2 salchichas de pavo
- Chili
- Sal de grano

Preparación:
1. Añade la cebolla en una sartén a fuego medio hasta que esté translúcida.
2. Añade el chile junto con el tomate cortado en cubos, sazonar con sal.
3. Picar las salchichas en rodajas y añadir la salsa, dejar cocer y servir.

CUBOS DE LECHUGA CON ENSALADA DE HIGO CHUMBO

Ingredientes:
- Lechuga (4 hojas firmes bien lavadas)
- 2 chumberas
- Sal de grano
- ½ taza de cebolla
- 1 cucharadita de aceite de oliva
- 1 cucharadita de vinagre
- 1 cucharada de cilantro picado
- 1 pequeño tomate-chilote

Preparación:
1. En un refractario añadir las chumberas en cubos y dejarlas toda la noche con sal en grano (bien cubiertas).
2. Al día siguiente drenar y dejar secar
3. Cortar la cebolla y el tomate en cubos y añadirlos a los nopales.
4. Añade aceite de oliva, cilantro picado y vinagre.
5. Ponga la mezcla en la lechuga

ACEITUNAS PREPARADAS

Ingredientes:

- 1 limón (jugo)
- ¼ taza de cebolla picada
- 6 aceitunas Kalamata, deshuesadas y rellenas
- 2 cucharadas de salsa de soja

Preparación:

1. Cocina la cebolla en una sartén hasta que esté translúcida.
2. Añade las aceitunas y espolvorea con la salsa y el limón.
3. Dejar enfriar y servir

TROZOS DE COLIFLOR CON MANTEQUILLA DE MANÍ

Ingredientes:

- 2 cucharadas de mantequilla de maní
- sal gruesa
- 1 cucharada de aceite de oliva
- 1 coliflor

Preparación:

1. Precalentar el horno a 400°F (200°C)
2. Cortar la coliflor
3. En una bandeja con papel encerado, pon las coliflores y añade aceite de oliva, sazona y hornea hasta que se doren.
4. Sacar del horno y esparcir la mantequilla de cacahuete, hornear durante un par de minutos más.
5. Sacar del horno, dejar enfriar y servir

Además, para aquellos que necesitan algo rápido debido a su corto tiempo por el trabajo o los viajes, hay bocadillos adecuados a la dieta keto, entre los más destacados están:

- Aceitunas empaquetadas (verdes, negras o variadas)
- Barra de carne (sriracha de cerdo o pollo desmenuzado)
- Tocino cocido

- Bocadillos de salami
- Chicharrones de cerdo
- Nueces de macadamia
- Pili nuts
- Chocolate muy oscuro

PINCHOS DE ACELGAS CON JAMÓN Y QUESO

Ingredientes:

- 3 rebanadas finas de jamón cocido
- 3 finas rebanadas de queso
- 3 hojas de acelga bien limpias
- 2 tomates grandes, bien lavados

Preparación:

Cocine la acelga por un tiempo máximo de 2 minutos, sáquela del agua y déjela enfriar hasta que pueda ser manipulada. Luego, colóquela en una bandeja o plato y ponga sobre ella las rebanadas de jamón y queso con cuidado para no romper las acelgas y enrollarlas. Cortamos en rollos y sacamos tres porciones para armar la brocheta colocando en cada extremo un cubo de tomate, luego para servir. Esta receta de brochetas es perfecta para consumir entre comidas como un bocadillo salado, sin embargo, para el que lo prefiera, puede ser una receta para una cena rica en proteínas.

GALLETAS DE SEMILLAS CRUJIENTES Y AVENA

Ingredientes:

- 20 gramos de semillas de amapola
- 20 gramos de linaza
- 25 gramos de semillas de chía
- 55 gramos de semillas de sésamo
- 55 gramos de semillas de calabaza
- 20 gramos de finas capas de avena

- ¼ de semillas de alcaravea
- ¼ cucharadita de ajo granulado o un diente de ajo rallado
- 250ml de agua

Preparación:

Encienda el horno a 150°C, coloque todos los ingredientes en un recipiente excepto el agua, mézclelos todos muy bien, añada el agua revolviendo poco a poco hasta que se integre con todos los ingredientes, deje reposar bien tapado durante 10 minutos. Una vez transcurrido el tiempo, compruebe que el agua ha sido absorbida por las semillas. Su consistencia debe ser una masa pegajosa en la que no quede ni una gota, de lo contrario, añadir un poco de avena o chia, mezclar y esperar de nuevo.

Colocar en la bandeja papel engrasado y luego aplanar con un rodillo o una espátula de cocina, la mezcla no debe tener más de 3 a 5 mm de espesor, poner en el horno durante un tiempo de 30 a 35 minutos. Después de ese tiempo, con la espátula, introducir debajo de la mezcla, tratando de girar con mucho cuidado para evitar que se rompa (se puede usar una tabla o un plato grande), hornear de nuevo durante 25 a 30 minutos más, teniendo cuidado de evitar que se queme. Retirar del horno, esperar a que se enfríe, cortar en una tabla y cortar con un buen cuchillo en trozos.

CAPÍTULO 18:
KETO BEBE

Además de que la dieta Keto nos ofrece variedades en dientes dulces y bocadillos para ser consumidos sin ningún remordimiento, también nos proporciona diferentes bebidas y

batidos que están permitidos y están dentro de los estándares cetogénicos. Aquí te mostramos las diferentes opciones para que puedas elegir según tu preferencia:

KETO SMOOTHIE CHOCOLATE

Tenga a su disposición una cantidad necesaria de calabacines, leche de coco y lechuga. Romana, semillas de chía, espinacas, cacao en polvo, aguacate, edulcorante de

Fruta de la pasión y mezclar todo para obtener una bebida rica y dulce.

Semillas de chía con arándanos y coco
- 1 taza de leche de anacardo o de almendra
- 2 cucharadas de aceite de coco
- 2 cucharadas de semillas de chía molidas
- Edulcorante equivalente a 2 cucharadas de azúcar
- 1 taza de arándanos
- 1 taza de yogur griego (puede sustituirse por leche de coco sin leche)
- ½ taza de coco

Mezclar todos los ingredientes

SMOOTHIE PARA EL DESAYUNO

Es un rico cóctel ideal para empezar el día basado en los siguientes ingredientes: Espinacas, leche de coco, verduras en polvo, proteína de suero, almendras, nueces de Brasil, espinacas, almidón de batata y semillas de psyllium; opcionalmente, puedes añadir algunas almendras para dar un mayor sabor a nuez, luego mezcla todos los ingredientes y obtendrás una bebida nutritiva para empezar el día.

Batido verde

Sólo se necesita la cantidad necesaria de limón, pepino, aguacate y col rizada, todo esto se mezcla con agua, luego se mezcla y se prepara, es una bebida rica y saludable.

Batido con leche de almendras

Esta bebida además de ser rica y saludable proporciona los nutrientes necesarios para empezar el día, solo necesitarás apio, pepino, matcha, espinaca, aguacate y leche de almendras, luego mezclamos todos los ingredientes y finalmente, añadimos las semillas de chía y el aceite de coco

Batido de Chia

Esta bebida nos proporciona fibra

Ingredientes:

- 1 cucharada de mantequilla de nuez
- 1 cucharada de semillas de chía (remojadas en agua durante 10 minutos)
- ¼ taza de leche de coco
- 1 aguacate
- 2 cdtas. de granos de cacao (si quieres añadir más sabor)
- 1 cucharadita de cacao en polvo
- 1 cucharada de proteína de chocolate en polvo
- 1 cucharada de aceite de coco

Mezcla todos los ingredientes mezclando uniformemente. Si está demasiado espeso, puede añadir una taza de agua. En el momento de servir, puedes decorar con granos de cacao y canela.

Batido verde (sin productos lácteos)

Se llama batido verde porque es el color predominante, los ingredientes a utilizar son el aguacate, el kiwi, el jengibre fresco, el perejil fresco, el pepino crudo, la piña fresca y la lechuga. Mezclamos todos los ingredientes con agua y los endulzamos con cualquier sustituto del azúcar que sea de su agrado y preferencia.

Batido con aceite de nuez de macadamia

Para preparar este batido sólo necesitas mezclar aguacate, espinaca, stevia, leche de coco, crema, aceite de nuez de macadamia, proteína de vainilla y aceite de aguacate, si no quieres añadir o no tienes aceite de aguacate a tu disposición puedes sustituirlo por aceite de oliva o de cacahuete.

Batido de almendras y arándanos

Lo que es necesario para lograr esta bebida sabrosa y rica en nutrientes es combinar el azúcar de almendra sin azúcar, una pequeña cantidad de arándanos preferiblemente orgánicos, mantequilla de almendra (debe ser cruda) y aceite de MCT

Batido de fresa

Para lograr una excelente mezcla y obtener este batido es necesario:

- 1 taza de fresas frescas
- 1 cucharadita de extracto de vainilla
- 1 cucharada de aceite de coco (también puedes usar cualquier otro aceite saludable)
- 450ml de leche de coco, si no está disponible puede ser sustituida por una taza de yogur griego si prefiere un batido (añadir agua si es demasiado espeso).

Batido de frambuesa y vainilla

Ingredientes:

- ½ taza de fresas naturales (pueden ser congeladas)
- ½ taza de leche de coco sin azúcar
- 2/3 de taza de agua
- ½ cdta. de vainilla (extracto)

Luego mezclar todos los ingredientes en la licuadora...

Batido de remolacha

Mezcla en la licuadora los siguientes ingredientes para disfrutar de un delicioso batido.

- 1 cucharada de aceite de coco
- 1 cucharada de proteína de suero
- 1 cucharadita de canela en polvo
- 1 taza de leche de almendras, la leche de coco también se puede utilizar
- 1 cucharada de remolacha en polvo

Batido de nuez:

- 1 pizca de sal
- 1 cucharadita de canela en polvo
- 1 cucharada de mantequilla de cacahuete o de anacardo.
- 2 cucharadas preferentemente de semillas de lino molidas
- 2 cucharadas de nueces peladas
- 1 taza de almendras

Combinar todos los ingredientes y mezclar

Batido de jengibre

- Ingredientes para su preparación:
- 30g de espinacas congeladas
- 2 cucharadas de jugo de limón
- 150ml de agua
- 2 cucharaditas de jengibre fresco relleno
- 75ml de crema de coco o leche de coco

Combinamos todos los ingredientes, añadimos cucharadas de limón de una en una. Una para conseguir el sabor deseado, después de servir la bebida añadimos un poco de jengibre rallado y lo espolvoreamos.

Café cetogénico con canela

Esta bebida es ideal para esos días fríos, para hacerla necesitará los siguientes ingredientes:

- 1 cucharadita de canela molida

- 475 ml de agua
- 2 cucharadas de café molido
- 75ml de crema batida

Combinamos el café con la canela. Añadimos el agua y lo hacemos como se hace normalmente el café. Batimos la crema con la ayuda de una batidora hasta conseguir una mezcla a punto de nieve, servimos en una taza grande el café, añadimos la crema batida por encima y finalmente añadimos la canela.

Té Chai

Es una bebida cálida y aromática perfecta para los días fríos y lluviosos.

Ingredientes:

- 475 ml de agua
- 75ml de crema batida
- 1 cucharada de té chai

Sigue las instrucciones del recipiente del té chai (agua caliente y té), en el microondas, calienta la crema en una taza mediana y añade el té.

Café con especias de calabaza

Ingredientes:

- ½ Cucharada de extracto de vainilla
- 1 cucharada (25g) de eritritol
- 1 cucharadita de mezcla de especias para el pastel de calabaza
- 60ml (60g) de puré de calabaza
- 60 ml de café expreso descafeinado también puede ser un café fuerte
- 225 ml de leche de almendras caliente sin azúcar

Preparación:

Añada todos los ingredientes en una licuadora y bata hasta obtener una mezcla suave, pruébela y dele el sabor según su preferencia, finalmente sírvala.

Ponche de huevo

Ingredientes:

- ¼ cucharilla de miel
- 1 pizca de nuez moscada molida
- 225 ml de crema batida
- Una naranja, la cáscara y el jugo...
- 4 cucharadas de brandy o cualquier otro licor oscuro.
- ¼ Cucharadas de extracto de vainilla

Prepárese:

1. Mezclar la miel, la vainilla en polvo y las yemas de huevo batidas hasta que la mezcla esté suave, añadir ¼ de naranja. Luego añadimos 4 cucharadas de jugo de naranja, con el licor, mezclamos cuidadosamente la crema batida y la combinamos en un bol con la mezcla de huevo.
2. Sirva en vasos y llévelo al refrigerador por 15 minutos.
3. Esto ayuda a desarrollar más sabor y consistencia en el ponche de huevo

Agua con sabor

El agua fría de sabor refresca cuando nos apetece algo sin necesidad de añadir calorías
Ingredientes:

- 1 litro de agua fría y dulce
- Aromas de su libre elección que pueden ser menta fresca, pepino o frambuesas.
- 475 ml de hielo

Preparación

1- Añade el agua fría en una jarra
2- Coloca el sabor elegido y llévalo al refrigerador dejándolo reposar por lo menos 30 minutos
3- Se puede añadir menta fresca, cítricos como naranja, limón o bayas si se desea.
4- Con sólo unas pocas rebanadas son suficientes para dar un rico sabor

Café frío

Para calmar el calor, esta deliciosa bebida helada es una excelente elección.

Ingredientes:

- 60ml de crema batida
- 225ml de café
- Cubos de hielo
- Extracto de vainilla (opcional)

Instrucciones

1- Como de costumbre prepara el café, pero el doble de lo habitual y deja que se enfríe.
2- En un vaso grande, agregue los cubos de hielo, el café y luego la crema.
3- Sirve

Café con crema cetogénica

Ingredientes:

- 60ml de crema batida
- 180ml de café

Preparación:

1- Elija el café de su preferencia y prepárelo como de costumbre.
2- En una pequeña olla, añadir la crema y calentar, remover suavemente hasta que haga espuma.
3- En una taza grande, vierta la crema caliente, añada el café y revuelva
4- Servir al instante acompañado de un puñado de deliciosas nueces.

Tarta de queso Keto

Ingredientes:

- 2 frutos de la pasión
- 2 cucharadas de queso ricotta
- 1 sobre de stevia
- 1 vaso de leche de almendras
- hielo al gusto

Preparación:

Añade todos los ingredientes en una licuadora, mezcla todo y estás

Hecho. De esta manera conseguiremos una deliciosa bebida.

CAPÍTULO 19:
PLAN DE COMIDAS DE 7 DÍAS:

El plan de comidas de 7 días tiene como objetivo dar una idea general de cómo la dieta cetogénica podría funcionar eficazmente, sin embargo, es importante recordar que puede funcionar de manera diferente en cada cuerpo.

Este plan se basa en una dieta alta en grasas, baja en carbohidratos y moderada en proteínas en la que podríamos basar la primera semana de nuestra dieta keto, sin embargo, podemos referirnos a los capítulos anteriores para más recetas.

LUNES

Desayuno: 2 salchichas enrolladas en pavo con queso feta y té verde.

Merienda: pastel de queso de chocolate keto

Almuerzo: Ensalada de pollo

Merienda: chicharrones de cerdo

Cena: verduras al vapor y salmón

MARTES

Desayuno: Tortilla de queso y champiñones

Un bocadillo: Café sin azúcar

Almuerzo: Tacos de pollo mexicanos

Merienda: cuadrados de jamón y queso

La cena: Brochetas de camarones con tocino y cebolla

MIÉRCOLES

Desayuno: 2 huevos cocidos envueltos en tiras de tocino y tiras de aguacate.

con el té verde

Un bocadillo: Gelatina ligera

Almuerzo: Pechuga de pollo rellena de jamón y queso crema.

Un bocadillo: Palitos de apio con guacamole

Cena: chop suey

JUEVES

Desayuno: Salchicha de pavo y mezcla de proteínas con fresas

Merienda: 40 gramos de cacahuetes

Almuerzo: Brócoli al vapor con pescado

Un bocadillo: Nueces

La cena: Pinchos de pescado con pimiento

VIERNES

Desayuno: Gofres Keto con huevo, queso y tocino

Un bocadillo: Café

Almuerzo: Repollo keto salteado al estilo asiático

bocadillo: gelatina

cena: rollos de jamón y queso

SÁBADO

Desayuno: tortilla de salmón y pimiento

Un bocadillo: Merey

Almuerzo: Tortilla de Keto Caprese

Un bocadillo: Batido de Keto

La cena: Envoltorios de carne de vacuno

DOMINGO

Desayuno: Gofres de plátano bajos en carbohidratos

Merienda: pastel de chocolate keto

Almuerzo: Cazuela Ketogénica Tex Mex.

Un bocadillo: Galletas de coco sin horno

La cena: Aguacates rellenos de salmón ahumado

CONCLUSIÓN

Gracias por llegar hasta el final de Keto para las mujeres: La guía definitiva para principiantes para conocer sus necesidades alimenticias, la pérdida de peso, la prevención de la diabetes y la energía ilimitada con recetas de dietas cetogénicas altas en grasas, esperemos que haya sido informativa y capaz de proporcionarle todas las herramientas que necesita para alcanzar sus objetivos, sean cuales sean.

Ahora que has llegado al final del libro, puede que conozcas algunos, por no decir todos, los beneficios que la dieta keto tendrá en tu cuerpo. Aunque puede ser muy difícil comenzar con este plan de alimentación, vale la pena. No te rindas, lucha por lo que quieres, aprende lo que tu cuerpo necesita y dáselo.

Las mujeres son conocidas por ser valientes, increíbles luchadoras y muy fuertes, así que, ¿vas a dejar que unos kilos de más te rechacen? Como se puede leer, esta dieta no sólo está hecha para perder peso, hay estudios que demuestran que esta dieta ayuda a las personas que sufren de diabetes, disminuye los síntomas del síndrome de estrés postraumático, ayuda en los problemas de la menstruación, mejora el cerebro y muchos otros órganos de nuestro cuerpo.

Por favor, recuerde que, aunque haya entendido todo lo que está escrito en este libro, y sienta que puede ir a la keto por su cuenta, es realmente recomendable ir con un nutricionista o un especialista en el área para lo que está usando la dieta keto. Por ejemplo, si estás usando la keto para controlar el POS, visita primero a tu ginecólogo.

Por último, si usted encontró este libro útil de alguna manera, ¡una reseña sobre Amazon siempre es apreciada!

Keto y ayuno intermitente

La mejor guía para la dieta cetogénica y el ayuno intermitente adecuado para todos, pierda peso de forma rápida y saludable.

Por

Kyndra Backer

INTRODUCCIÓN

Felicitaciones por la compra de Keto y el ayuno intermitente: Su guía esencial para una dieta baja en carbohidratos para un perfecto equilibrio mente-cuerpo, pérdida de peso, con recetas cetogénicas para maximizar su salud y gracias por hacerlo.

Realmente esperamos que usted pueda obtener el mayor beneficio de este libro ya que fue hecho con mucho esfuerzo y voluntad de ayudar a las personas a mejorar su salud, perder peso o superar cualquiera de los problemas con los que la dieta keto puede ayudar.

En los siguientes capítulos, podrá encontrar toneladas de información realmente interesante, empezando desde cero, sobre la dieta keto, cómo funciona, beneficios, riesgos, ayuno, autofagia, cómo relacionar tanto el ayuno keto como el intermitente y muchos otros hechos asombrosos que le ayudarán a cambiar su estilo de vida, empezando por sus hábitos de alimentación.

Los capítulos aquí escritos le enseñarán todo lo que necesita saber sobre la dieta cetogénica, el estado de la cetosis, qué alimentos están permitidos cuando se sigue la dieta cetogénica, el ayuno y los diferentes tipos de ayuno, cómo saber si soy capaz de seguir esta dieta, por qué se estresa la gente y cómo ayudará esta dieta al respecto, mejoras mentales y muchas otras informaciones extraordinarias.

Hay muchos libros sobre este tema en el mercado, ¡gracias de nuevo por elegir este! Se ha hecho todo lo posible para asegurar que esté lleno de tanta información útil como sea posible; ¡por favor, disfrútenlo!

CAPÍTULO 1:
¿QUÉ ES LA DIETA KETOGÉNICA?

Posiblemente cuando oímos la palabra dieta, nos viene a la mente la idea errónea de restringir el libre consumo de alimentos y limitarnos a unos pocos nutrientes y energías que se consideran "necesarios" para perder peso.

Antes de entrar en el tema de lo que podría ser la dieta cetogénica, definamos algunos conceptos, que serán de gran ayuda y apoyo para los siguientes capítulos.

¿Qué significa la palabra "dieta"? Esta palabra cuyo significado es "régimen de vida" viene de la palabra griega "dayta", esto se refiere al consumo de alimentos que hacemos en nuestro día a día (cada uno con un lapso de 24 horas) a nuestro organismo.

Con el paso de los años la palabra dieta ha adquirido mucho poder e importancia en la vida cotidiana del ser humano, ya sea por llevar un buen estilo de vida, una creencia o simplemente por curiosidad; actualmente existen millones de características asociadas a esta palabra (podrían ser: dieta baja en sodio, dieta vegetariana, dieta de reducción, dieta keto) lo importante es que siempre se deben cumplir las siguientes características para que se pueda llamar así, una "dieta":

Debe ser completa; una dieta debidamente equilibrada debe incluir todos los nutrientes necesarios para proporcionar todas las vitaminas y minerales que nuestro cuerpo necesita.

Una dieta no debe implicar un riesgo para nuestra salud, así como hay alimentos abundantes en nutrientes, hay alimentos que contienen toxinas y contaminantes para nuestro cuerpo, y estos deben ser consumidos con mucha moderación.

En el momento de ingerir los alimentos, nuestro plato debe estar proporcionalmente equilibrado (no debe haber más nutrientes que otros, se sugiere que todos son iguales).

El plato de nuestra comida para ingerir debe cubrir los suficientes nutrientes que necesitamos para tener un peso correcto. (y en el caso de los niños, un buen crecimiento y un correcto desarrollo.) Nunca es aconsejable sobrecargar nuestros platos con nutrientes para estar completamente llenos porque estar satisfecho ayuda mucho a nuestro cuerpo.

Una dieta correcta debe ser variada; es aconsejable incluir diferentes tipos de nutrientes en cada grupo o porción.

Y finalmente el más importante porque, para poder comer bien, tenemos que sentirnos cómodos, nuestra comida debe ser de acuerdo a nuestro gusto personal, esto también puede influir en nuestra cultura, recursos económicos o cualquier otro factor.

Es muy importante tener en cuenta que cada dieta es personalizada porque cada persona no tiene la misma condición física, dependiendo de esto se reflejará su estado de ánimo, energía física, capacidad mental, humor corporal, aspectos físicos como la piel, el cabello, los olores corporales e incluso la salud.

Hasta este punto, seguramente debemos preguntarnos, ¿Cómo puedo empezar una dieta correcta si he llevado un estilo de vida desordenado (en términos de mi dieta)?

Para poder "empezar" o simplemente comer adecuadamente, debemos ser fuertes y dejar de lado esas golosinas, reducir ciertos alimentos que nos perjudican; estos podrían ser: harinas pesadas, ciertos cereales, alimentos azucarados, y muchos otros alimentos que estamos acostumbrados a comer. Y lo más importante: no se trata de comer menos, sino de aumentar el número de comidas por día disminuyendo las porciones en cada plato; de esta manera estamos equilibrando nuestro organismo.

Una forma de ver claramente el ejemplo de lo que es una dieta es la dieta cetogénica, conocida por ser una dieta baja en carbohidratos, que nos ayuda a quemar la grasa más eficazmente.

Al ingerir carbohidratos, nuestro cuerpo produce sustancias como la glucosa y la insulina, que nuestro cuerpo necesita para producir energía. Ambas sustancias trabajan juntas dentro de nuestro torrente sanguíneo.

SIGNIFICADO DE KETO

La dieta cetogénica fue desarrollada a principios del siglo XX por los médicos, que buscaban una dieta basada en un alto consumo de grasas, con el fin de controlar las convulsiones en los niños. Se había observado durante mucho tiempo que el ayuno funcionaba como una especie de tratamiento para la epilepsia, pero, por supuesto, no era posible que una persona ayunara durante el resto de su vida, por lo que comenzaron a utilizar este tipo de alimentos en pacientes epilépticos en los que su dieta se iba a basar en el mayor consumo de grasas.

Con el tiempo se observó que estos pacientes que habían seguido el estilo cetogénico de alimentación habían disminuido sus convulsiones e incluso en una minoría habían desaparecido los ataques de convulsiones.

Con estos resultados, ciertos estudios indicaron que este tipo de alimentación generaba moléculas llamadas cetonas, que eran la razón del éxito en la reducción de las convulsiones epilépticas; por otra parte, otros estudios mostraron que la escasez de glucosa es la razón por la que estas convulsiones se aligeraban.

Como esta dieta es baja en carbohidratos y abundante en grasas, permite que nuestro cuerpo produzca moléculas (que podríamos considerar un tipo de combustible) llamadas "cetonas". La cetona sería como un tipo de combustible alternativo, que nuestro cuerpo utiliza cuando tenemos una deficiencia de glucosa (azúcar) en la sangre.

Esta molécula es producida por el hígado al disminuir la ingesta de carbohidratos y proteínas, ya que se convierten en azúcar cuando son absorbidos por nuestro torrente sanguíneo. Como vimos antes, la cetona se convierte en una especie de combustible para nuestro cuerpo en general, pero especialmente produce una gran cantidad de combustible para nuestro cerebro. Como sabemos, el cerebro es considerado una especie de ordenador en nuestro cuerpo, éste es responsable de procesar todo tipo de información como movimientos, gestos, cada palabra que decimos o pensamos en nuestro día a día, por lo que este órgano necesita un mayor consumo de energía, que en este caso sería cetona o glucosa.

Cuando aplicamos la dieta cetogénica, nuestro cuerpo cambia la forma en que suministramos ese "combustible" para trabajar principalmente con la grasa que producimos. Esta se quema constantemente las 24 horas del día, todos los días de la semana. Esto ocurre cuando nuestros niveles de insulina bajan porque nuestro cuerpo tiene acceso a la grasa almacenada en el cuerpo para ser quemada.

La dieta cetogénica es ideal si se necesita perder peso, ya que proporciona muchos beneficios como una mejor concentración, un mejor suministro de energía y algo muy obvio, sentirse más satisfecho con cada comida.

Cuando comemos este tipo de dieta, nuestro cuerpo entra en un estado metabólico llamado cetosis, que no es más que un estado natural en el que nuestro cuerpo se alimenta enteramente de grasa.

Hay algunas restricciones en este tipo de dieta. Definitivamente podemos decir que la dieta cetogénica posee un gran número de beneficios. Sin embargo, también posee una cierta cantidad de efectos "negativos", lo que indica que su práctica podría llegar a ser considerada peligrosa para algunas personas, ya que influye tanto en la salud física como en la mental.

Para seguir correctamente la dieta cetogénica debemos tener en cuenta que realizaremos ciertos cambios en nuestro estilo de vida, y por lo tanto debemos estar preparados física y mentalmente para ello, por lo que no es recomendable comenzar con este tipo de alimentos a aquellas personas que aún consideran el consumo excesivo de carbohidratos como parte fundamental de su dieta, personas que buscan una solución temporal para perder peso, personas que no mantienen una rutina constante (como vimos anteriormente al practicar esta dieta, nuestro cuerpo entra en un estado de cetosis, y nuestro cuerpo necesita ser capaz de adaptarse a los cambios).

En particular, este tipo de dieta no se recomienda a todas las personas que están tomando medicamentos o tienen una condición de salud especial, las mujeres embarazadas o las madres que están amamantando.

¿QUIÉN DEBERÍA SEGUIR ESTA DIETA?

Esta dieta se recomienda sobre todo a todos los pacientes epilépticos, aunque la mayoría de los jóvenes tienen dificultades para seguir este tipo de dieta, debido a que requiere un estricto cumplimiento de la forma de comer.

Entre los posibles efectos secundarios de esta dieta están el retraso del crecimiento (cuando esta dieta se aplica a los niños), problemas renales, pérdida de peso, debilidad de los huesos, etc.

Cuando una persona con una condición epiléptica está dispuesta a seguir esta dieta, debe pasar unos días en el hospital para controlar los posibles efectos a los que su cuerpo puede reaccionar. Una vez que esto ha sucedido, debe tener un control constante con un nutricionista que pueda guiar al paciente sobre cómo servir sus porciones de comida.

LAS PERSONAS CON DIABETES TIPO 1

Sabemos que esta diabetes de tipo 1 es una enfermedad autoinmune, en la que el sistema inmunológico ataca al páncreas, destruyendo las células que detectan el azúcar en la sangre y son responsables de crear insulina; cuando esto sucede, el cuerpo es incapaz de absorber la glucosa, y el azúcar acumulado podría aumentar de forma muy peligrosa.

Por lo tanto, los pacientes con diabetes de tipo 1 deben mantener un control constante de sus niveles de azúcar en la sangre; además, deben inyectarse ciertas cantidades de insulina para regularlo. Esta enfermedad es muy común en los adultos mayores de 30 años, aunque hay casos de personas cuya enfermedad fue detectada en la infancia.

Las personas que sufren esto pueden presentar complicaciones en su organismo, como hipertensión, daños en los ojos, daños en el sistema nervioso, daños en el sistema renal, e incluso pueden desarrollar enfermedades cardíacas. Es por esta razón que la dieta cetogénica puede influir en gran medida en su mejora, ya que, al reducir el azúcar en la sangre, la necesidad de insulina se reduciría hasta en un 70%; claramente, esto siempre debe ser con una obediencia absolutamente estricta a la dieta cetogénica.

Es muy importante seguir esta dieta porque si fallas o haces trampas con algún alimento, podrías poner tu cuerpo en un estado peligroso y mortal conocido como cetoacidosis; esto ocurre cuando las moléculas de cetona se acumulan en la sangre, reaccionando de forma agresiva y haciendo que esta sangre se vuelva ácida.

LAS PERSONAS CON DIABETES TIPO 2

Este tipo de diabetes es el resultado de un mal estilo de vida nutricional en el que los niveles de azúcar se elevan a niveles muy altos, creando así resistencia a la insulina, esto no es más que una incapacidad del cuerpo para hacer uso de la hormona que produce la insulina.

Podría ser muy contradictorio aplicar la dieta cetogénica a los pacientes diabéticos de tipo 2, ya que la mayoría de ellos son pacientes con obesidad, y añadir una dieta alta en grasas sería algo confuso. Pero esto podría ser visto como un malentendido en la información de los carbohidratos y las calorías, ya que no todos son iguales.

Las calorías, a diferencia de los carbohidratos, son capaces de reducir el apetito, haciendo que un diabético de tipo 2 reduzca su ingesta calórica. Además, también disminuye la producción de grelina; ésta se conoce informalmente como la hormona que produce el apetito, y también aumenta la producción de amilina y leptina; conocidas informalmente como las hormonas que nos hacen sentir satisfechos como resultado de la cetosis.

Los pacientes con diabetes de tipo 2 también son muy susceptibles a la cetoacidosis, por lo que es muy importante que se sometan a constantes revisiones médicas y mantengan una dieta equilibrada proporcionada por un nutricionista.

CAPÍTULO 2: MITOS DE KETO

Debido a que este tipo de dieta puede parecer un poco estricta o mucha, dependiendo de su punto de vista, surgen muchos mitos sobre la dieta keto. Como el siguiente:

- Cuando entras en cetosis, tu cuerpo va hacia la cetoacidosis: ¿Qué significa esto? Porque como ya sabes, la cetosis significa que los niveles de azúcar en la sangre son bajos, por lo que el cuerpo entra en cetosis, convirtiendo la grasa en energía; si ese es el caso, puedes empezar a perder grasa y así sucesivamente, pero ahora la cetoacidosis es algo absolutamente diferente, porque esta es una condición médica, que es extremadamente grave, porque es producida por bajos niveles de insulina, y muy, muy altos niveles de cetonas, que podrían llegar a ser fatales, podemos decir que esta condición se encuentra en algunos pacientes diabéticos. Viendo ambos conceptos, podemos observar que son cosas diametralmente diferentes, ya que uno es una condición saludable del cuerpo, que permite la quema de grasas de manera natural, y el otro es una condición clínica de los pacientes con diabetes.
- La dieta del keto se basa sólo en la eliminación de los carbohidratos: Esto es completamente falso, ya que la base de la dieta keto no es sólo eso sino que se basa en un consumo muy elevado de grasas, además, no busca eliminar por completo los carbohidratos, sino que requiere un consumo eficiente de los mismos, el mínimo realmente, pero no prohíbe el consumo de los mismos, ya que se basa en un conjunto de condiciones que deben cumplirse para llegar a la cetosis, lo que implica obtener energía a través de las grasas y no de los azúcares que nos proporcionan los carbohidratos.
- Se pierde músculo mientras se hace la dieta cetogénica: Esto es falso, porque el keto, es extremadamente usado por los atletas, pero este mito surge de una confusión, porque hay un proceso en el cuerpo, que convierte la proteína en glucosa, y como sabes, nuestro cuerpo no es capaz de descomponer la grasa en glucosa. Por esta razón la gente piensa que se perdería músculo, pero no puede estar más lejos de la realidad, ya que casi nada se convierte en glucosa,

por esta razón, se entiende que se llega a la falsa conclusión de que se pierde músculo, pero para que los músculos se mantengan, o crezcan, es algo absolutamente asombroso, porque para empezar, los músculos necesariamente utilizan la glucosa, por lo tanto, hay procesos en nuestro cuerpo que dependen de la glucosa, pero hay otros que no, y las mismas tareas que algunos órganos pueden realizar con la glucosa, las pueden realizar con las cetonas, uno de estos órganos capaces de hacer esto es el cerebro, el asombroso proceso que el cuerpo humano es el siguiente, la poca glucosa que el cuerpo genera va al cerebro, pero en este caso, el cerebro depende de las cetonas, y una cierta cantidad de ellas irá al cerebro, y la glucosa que estaba destinada a ese órgano, irá a los músculos, para mantener la masa muscular o aumentar el tamaño de los mismos.

- Todas las personas necesitan las mismas cantidades de carbohidratos: Esto es totalmente falso ya que no todos tienen las mismas necesidades porque dependen de las condiciones de salud individuales de cada persona. Por lo tanto, es probable que algunas personas no puedan hacer una dieta cetogénica estricta de inmediato, ya que pueden verse afectadas por un cambio tan drástico en su ingesta alimentaria, que también puede depender de su actividad física diaria.

- La dieta cetogénica limita el consumo de ciertos alimentos: Esto es absolutamente cierto, ya que muchos de los alimentos que restringe son cereales, dulces, bebidas azucaradas, alimentos procesados y muchas frutas, ya que la mayor parte de su composición se basa en los carbohidratos, convirtiéndose así en fructosa en el cuerpo y dificultando el proceso de cetosis, y que la energía no se produciría gracias a las grasas y las cetonas, sino a los azúcares de nuestro cuerpo.

- La dieta cetogénica ralentiza el metabolismo: Esto se debe a que cuando la gente escucha la palabra dieta, le viene a la mente la ralentización del metabolismo, y esto es porque, en la gran mayoría de las dietas, una gran disminución en el consumo de calorías, a largo plazo, generará una ralentización del metabolismo de las personas que hacen tales dietas. Para evitar esto y hacer uso de la cetosis, es bueno que un día, procedamos a comer carbohidratos, por supuesto no en un gran exceso, pero se salteará la dieta, por así decirlo. Después de eso, puede reanudar la cetosis, porque llegará un momento en que podrá alcanzar el estado de cetosis muy rápidamente. Pero es que realmente, esta dieta tiene algo muy particular, ya que permite mantener el mismo metabolismo o incluso podría incrementarlo, ya que realiza un alto consumo de calorías, y permite perder peso, consiguiendo así ser una dieta que realiza algo totalmente diferente a las demás dietas, ya que las comunes se caracterizan por un bajo consumo calórico y éstas son capaces de ralentizar el metabolismo. Aunque ya hemos mencionado que la dieta cetogénica no ralentiza el metabolismo, no es una mala práctica, como se ha dicho anteriormente, consumir a veces una mayor cantidad de carbohidratos.

- Comer tantas grasas es perjudicial para la salud: Esto es un mito, ya que existen grasas buenas y grasas malas, las cuales son dañinas son las que se encuentran en los aceites de fritura, mantequilla y grasas trans, pero también existen grasas buenas, las que se encuentran en los alimentos sin necesidad de pasar por procesos químicos, como el aguacate, el aceite de coco, entre otros, ya que hay muchas personas que creen que tienen que comer alimentos fritos, mantequilla, hamburguesas, pizzas, porque la dieta cetogénica se basa en el consumo de grasas, pero en el buen consumo de las mismas. Las buenas grasas son vitales para el cuerpo por varias razones, entre las cuales se encuentran ser responsables de la constitución de las membranas celulares, el transporte de vitaminas solubles en grasa, y como si esto no fuera suficiente, también proporciona energía al cuerpo. Por lo tanto, podemos decir que el cuerpo humano necesita las grasas para su correcto funcionamiento, pero en una buena proporción.

- Las dietas cetogénicas son altas en proteínas: Esto es falso por varias razones, la primera es que una alta ingesta de proteínas se va a convertir en fructosa o azúcar en nuestra sangre por así decirlo, lo que hace que salga del estado de cetosis, por lo tanto, afecta el propósito de la dieta, que es llegar a estar a ese nivel para quemar grasa, otro punto que afecta la alta ingesta de proteínas, es que la descomposición de los aminoácidos que se obtienen en las proteínas, producen un aumento en el número de cetonas que se encuentran en nuestro cuerpo, pero aunque esto suena atractivo para los propósitos de la dieta keto, lo mismo es peligroso para la salud, ya que una cantidad desproporcionada de cetonas en nuestro cuerpo más que un beneficio puede convertirse en un riesgo.

- La dieta cetogénica implica no comer durante largos períodos de tiempo: Esto es falso, ya que este tipo de dieta nunca requiere largos períodos de tiempo sin comer, sino más bien una dieta baja en carbohidratos, que es la base de la dieta cetogénica, pero aunque no hay ninguna restricción en el consumo de alimentos, también es cierto que el ayuno es muy útil y beneficioso para perder peso, pero el principio fundamental del keto, es hacer un plan de alimentación completo, que permita a las personas alimentarse y sentirse saciadas al comer, consumiendo grasas de calidad, produciendo así altos niveles de energía que no dependen de la fructosa generada por los carbohidratos, sino de la grasa, gracias a las cetonas

- La dieta cetogénica no permite el consumo de dulces o postres: Esto es falso, ya que la keto, se basa en no consumir carbohidratos o alimentos procesados como azúcares, pero hay postres que no tienen nada de eso en su preparación, como los basados en nueces, yogurt griego, chocolate, además, que estos son endulzados con edulcorantes naturales como la stevia, porque como saben, no tiene fructosa. Por lo tanto, podemos obtener dulces como pasteles de queso, brownies o incluso galletas, y no hay necesidad de ninguno de los ingredientes tradicionales que nos sacarían del estado de cetosis. Estas recetas se explicarán más adelante, a medida que el libro avance.

Estos son algunos de los mitos que podemos obtener con la dieta cetogénica, como pueden ver, todavía hay gente que no cree en ella por este tipo de mito, sólo dependerá de ustedes si creen en el ceto o no.

CAPÍTULO 3:
BENEFICIOS DEL USO DE KETO

Cuando hablamos de la alimentación cetogénica podemos pensar que el único beneficio o el que destaca, a primera vista, es la considerable pérdida de peso, que de hecho se consigue rápidamente, pero no sólo la pérdida de peso es el beneficio que se consigue con esta dieta, como hemos comentado anteriormente, en sus inicios esta dieta se aplicaba en adultos y niños que sufrían ataques epilépticos.

También se han observado mejoras en las personas que sufren convulsiones y problemas en sus funciones cognitivas.

También se ha observado que en las personas que tienen ciertas condiciones cerebrales, la dieta keto tiene algunas propiedades curativas cuando se hace, como las enfermedades neurodegenerativas, la epilepsia. Además de ser capaz de elevar los niveles de endorfina, elevando así los estados de ánimo, así como mejoras en la concentración, eleva los niveles de melatonina, ayudando a dormir mejor y a regular nuestro ciclo circadiano.

Además, esta dieta reduce considerablemente los niveles de azúcar en la sangre, por lo que se recomienda ampliamente para los diabéticos. Esto se debe principalmente al hecho de que, al disminuir el consumo de carbohidratos, vamos a reducir los niveles de azúcar en la sangre. Cuando ingerimos carbohidratos, estos alimentos son digeridos y transformados en glucosa en la sangre, en ese sentido comienza a actuar la insulina que es la hormona que se encarga de enviar toda esa glucosa a las células para que la consuman o en su ausencia y eso es lo que en realidad siempre sucede, almacenarse. Hay casos en los que las células dejan de responder a la insulina, y de esta forma se pierde el control de la glucosa en la sangre, y es entonces cuando tenemos un problema grave porque estaríamos hablando de padecer una diabetes de tipo 2. Pero en los pacientes que han sido tratados con esta dieta cetogénica y ejercicio, se han encontrado mejoras considerables. De hecho, muchas de las personas han disminuido considerablemente el consumo de sus medicamentos desde su aplicación.

También se obtienen mejoras cardiovasculares, mejorando así todos los indicadores que determinan el riesgo de padecer enfermedades cardiovasculares, se ha demostrado en diversos estudios que, aunque esta dieta aumenta el consumo de grasas, los niveles de colesterol mejoran, lo que significa que hay un mayor porcentaje de colesterol bueno HDL y LDL-C, también hay una gran disminución de los niveles de triglicéridos y mejoras en la presión arterial de las personas que la practican. Contra todo pronóstico, cuando algunos críticos pensaban que este tipo de alimentos podía alterar los niveles de colesterol y triglicéridos, ya que se ha determinado que ocurre lo contrario.

Llevando el cuerpo al estado de cetosis uno de los cambios más notorios es la disminución de la grasa corporal y menos grasa visceral, la grasa subcutánea es la grasa que podemos sentir o en su defecto pellizcar y que podemos obtener en nuestros brazos, piernas, vientre y otros lugares. Mientras que la grasa visceral es la que se acumula alrededor de los órganos y que podría, en algunos casos, causarnos o aumentar los riesgos de salud. Con este método de alimentación, somos capaces de reducir estos dos tipos de grasa. Especialmente hay una considerable disminución de la grasa en la cavidad abdominal.

Las dietas cetogénicas se han utilizado durante muchos años para tratar los problemas de epilepsia, pero este tipo de dieta también se está estudiando para enfermedades como el Alzheimer y el Parkinson, y esto se debe a que los cuerpos cetogénicos tienen efectos neuroprotectores.

Y es que uno de los beneficios de la dieta keto, es que tiene la posibilidad de alimentar y curar el cerebro, esta dieta es la principal fuente de energía del cerebro.

El sistema digestivo es considerado como el segundo cerebro que tenemos, el intestino tiene una estructura como una malla, y esta malla es perforada o agujereada por los antinutrientes y el gluten, que es lo que se conoce en la medicina como intestino permeable, esta patología logra un proceso inflamatorio en el cuerpo que es capaz de mejorar con el keto, esta dieta es capaz de ayudar a regular el sistema digestivo.

La dopamina es una molécula producida de forma natural por nuestro organismo, dentro de sus funciones tenemos el placer, el aprendizaje, la toma de decisiones, la coordinación de movimientos, la motivación, y cuando estamos en presencia de la dopamina los sistemas de recompensa de nuestro cerebro se van a activar y de esta forma responder al estímulo que tiene una carga positiva en cada uno de nosotros. La dopamina ayuda en el proceso de recordar alguna información. Ahora los bajos niveles de dopamina están directamente relacionados con estados de depresión, trastornos de déficit de atención, hiperactividad, Parkinson, hipertiroidismo. Pero la buena noticia es que la dieta keto aumenta los niveles de dopamina, por lo que es aconsejable comer de esta manera.

Cuando alcanzamos el nivel de cetosis, hay muchas ventajas y beneficios que adquirimos con esto. Hay una disminución de la inflamación a nivel general en el cuerpo, disminuye el estrés oxidativo, siendo estos neuroprotectores, antitumorales. Aumenta nuestro sistema inmunológico, por lo que podemos concluir que otro beneficio es mejorar las enfermedades autoinmunes.

Con todo lo anterior no podemos considerar la dieta cetogénica sólo para perder peso, ya sabemos que es una dieta que metaboliza la grasa de manera efectiva y eficiente, si tenemos un exceso de grasa nuestro cuerpo la usará, de lo contrario usará la grasa que comemos como combustible y cuando necesite más combustible nos lo hará saber a través del hambre.

Alcanzar estos niveles cetogénicos mejora el rendimiento físico y mental de cada uno de los que lo practican, y esto se debe a que, en la cetosis, los niveles de glucosa en la sangre son siempre estables, por lo que no sufriremos síntomas de hipoglucemia. Nos volvemos más saludables, y, además, no tenemos ningún efecto secundario, la clave es no fallar, es lograr en principio desintoxicar nuestro organismo de todos los antinutrientes que se alojan en el cuerpo, una vez logrado este paso veremos lo fácil que es implementar este plan de alimentación.

Las migrañas están clasificadas como un trastorno neurológico, la falta de energía en las neuronas es una de las causas de estas migrañas, es bien sabido que hay muchos tratamientos que se han probado para las migrañas, pero tenemos buenas noticias, la cetosis puede eliminar este trastorno, la hipoglucemia se asocia con el dolor de cabeza, cuando estamos en una dieta normal, la glucosa es el único combustible para el cerebro, por lo que la energía que necesitamos para las neuronas no es suficiente, pero esto no sucede con las cetonas, como un combustible alternativo. Dado que las cetonas son entonces el combustible más eficaz para el cerebro, el corazón y también el intestino, preservan y promueven la creación de masa muscular, promueven la generación de nuevas mitocondrias y finalmente aumentan la longevidad en cada una de las personas que lo practican.

La dieta cetogénica activa los genes necesarios para poder utilizar la grasa como combustible principal, y el azúcar como combustible secundario, por lo que podemos decir que vamos a tener dos depósitos de combustible, uno procedente de las grasas donde se pueden almacenar millones de kcal, y otro de azúcar o glucógeno y que además es muy limitado ya que tiene aproximadamente 2000 kcal. Cuando usamos el tanque de azúcar lo gastamos rápidamente por lo que necesitaremos rellenar este tanque y obtener de nuevo el combustible que necesitamos, pero si, por el contrario, usamos combustible de grasas con la dieta keto, tendremos un tanque inagotable de combustible y disponible en cualquier momento, ¿podría haber un mejor beneficio de ello? La dieta del keto es una herramienta maravillosa para mejorar nuestra salud.

CAPÍTULO 4:
CETOSIS Y SALUD MENTAL

Para empezar esta sección, lo primero que necesitamos saber o definir es, ¿qué es la salud? ¿Y qué es una mejor definición que la que nos puede ofrecer la Organización Mundial de la Salud? Dice que literalmente "La salud es un estado de completo bienestar físico, mental y social, y no sólo la ausencia de enfermedad o dolencia", por lo tanto, podemos decir que la salud no es sólo la ausencia de enfermedades físicas, sino que también hay que ser equilibrado mental y psicológicamente, además de ser socialmente bueno con los demás, ya que muchos estudios han demostrado que una persona que no está psicológicamente bien tampoco tendrá salud física. Además, los pacientes de cáncer suelen hacer terapias psicológicas para poder recuperarse más rápidamente, ya que los pacientes emocionalmente estables tienen un mayor porcentaje de recuperación.

Por lo tanto, recomendamos que primero intente ser estable mentalmente porque no importa cuánta dieta cetogénica haga, no podrá tener una salud integral completa, por lo tanto, siempre es bueno tener los tres estados estables de salud, tanto físicos, como emocionales y sociales.

Después de haber mencionado la importancia de la salud integral, podemos explicar la importancia de la dieta cetogénica para poder mejorar nuestra salud física, ya que ésta no sólo nos ayuda a reducir, ya que muchas veces, éste es el fin que se busca a las dietas, sino que la misma tiene una serie de utilidades en el ámbito de la salud como podréis ver a continuación.

Cetosis y cáncer: La dieta cetósica es muy útil para los pacientes de cáncer, porque una gran parte de las células cancerosas se alimentan de células de glucosa y como ya debes saber que la glucosa en nuestro cuerpo se produce gracias a la ingesta de carbohidratos, por lo tanto, al disminuir drásticamente su consumo, se crearán menos células de glucosa, y las células cancerosas no podrán alimentarse, o no la mayoría de ellas, ya que casi ninguna de estas células puede alimentarse de cetonas, por lo que podemos detener o ralentizar la tasa de crecimiento del cáncer.

Cetosis y diabetes: Como es sabido, la diabetes es una enfermedad que se produce cuando hay una excesiva concentración de glucosa en la sangre, ya sea porque el páncreas no produce suficiente insulina, y esto genera que la glucosa no se transforme en energía de manera eficiente. Por lo tanto, después de saber esto, podemos hacer uso de la dieta keto, y así lograr el control de la glucosa en nuestra sangre, porque generaremos más cetonas en nuestro cuerpo, y éstas harán el trabajo de la glucosa en nuestro cuerpo, generando energía a través de ellas, logrando así una mejor calidad de vida para los pacientes.

Pero ahora, yendo al grano, la cetosis tiene un gran impacto en la salud de nuestro cerebro ya que, en primer lugar, gran parte de los procesos vitales para nuestro cuerpo los realiza el cerebro con la ayuda de la cetosis, pero estas funciones también pueden ser utilizadas con la ayuda de las cetonas. Por lo tanto, podemos decir que el cerebro puede utilizar las células que se producen cuando se practica la dieta cetogénica para realizar sus funciones vitales.

Uno de los primeros beneficios que podemos observar de la dieta cetogénica es que mejora el estado de los pacientes que sufren de epilepsia, que es un trastorno cerebral que se produce cuando hay una sobreactividad eléctrica en algunas áreas específicas del cerebro, las personas que lo padecen, pueden sufrir convulsiones o movimientos indeseados, cuando se producen estos ataques se denominan ataques epilépticos. Pero entonces, para un tratamiento, o ayuda que se puede hacer a los pacientes que sufren de epilepsia, es el uso de la dieta cetogénica, ya que la dieta es capaz de reducir en un grado muy alto la frecuencia de los ataques que pueden ocurrir a los pacientes que sufren de epilepsia, Por supuesto, esto no significa que los pacientes deban dejar de tomar sus píldoras para controlar la enfermedad, pero la dieta cetogénica podría ser de gran ayuda para reducir la frecuencia de las convulsiones, porque, como se sabe, la dieta cetogénica hace que aumente mucho el nivel de cetonas en la sangre, lo que permite un mejor control de las convulsiones.

La mayoría de las veces esta dieta es prescrita, se le da alcance a los niños, y los resultados estadísticos de los pacientes con epilepsia, podemos encontrar que hay casos que oscilan entre el 10% y el 15% que no vuelven a sufrir convulsiones, también hay otros casos en los que más del 50% de los pacientes que son instruidos para seguir la dieta, la frecuencia en que se producen las convulsiones se reduce al menos a la mitad del tiempo. ¿Cómo ayuda la dieta cetogénica a los pacientes con convulsiones? Bueno, como tenemos un alto nivel de cetosis, nos permite alterar los genes que están relacionados con el metabolismo energético del cerebro, ya que el cerebro tomará cetonas como su principal fuente de nutrición, en lugar de glucosa, lo que implica que se controlarán las funciones neuronales, que son las que se ven afectadas en el momento de los ataques. También para verificar el resultado de la dieta de cetonas en nuestro cerebro, con respecto a esa enfermedad, podemos observar que hubo un aumento sustancial de las reservas de energía de las neuronas del hipocampo, aumentando el número de mitocondrias, por lo tanto, aumentando la concentración de mitocondrias en el hipocampo, lo que significa que la densidad de las mitocondrias en el hipocampo aumentó mucho, esto significa que la producción de energía en el hipocampo se mejora, lo que puede significar que se obtendrá una mejor estabilidad neuronal.

Por otro lado, hay otras enfermedades cerebrales que pueden ser mejoradas a través de la práctica de la dieta cetogénica, como el Alzheimer, que es una enfermedad cerebral, mejor dicho, es un desorden cognitivo progresivo que degenerará las células cerebrales, lo que lleva a problemas de memoria, pensamiento y comportamiento, dicha enfermedad está empeorando gradualmente, llevando a la muerte de las personas que la padecen. No hay forma de acabar con la enfermedad, sólo hay tratamientos para ralentizar su proceso degenerativo, pero no hay forma de eliminarla. Pero para que estos pacientes logren una mejor calidad de vida, se puede recomendar la dieta cetogénica, ya que las cetonas del cerebro podrían reactivar algunas neuronas, reparando así parte del daño cerebral causado por el Alzheimer, ya que, gracias a la ayuda de las cetonas, podemos intentar prolongar la vida de estas neuronas, cuidando también nuestras dendritas y axones, logrando así, o, mejor dicho, intentando lograr mejores conexiones en el cerebro para intentar hacer sinapsis. Este es el principal daño de la enfermedad de Alzheimer, ya que no permite una buena sinapsis en el cerebro, colocando así barreras cada vez más difíciles en los pacientes para usar su cerebro, ya sea para recordar cosas o hacer actividades diarias. Aunque no se puede decir que haya evidencia irrefutable de que la dieta cetogénica pueda detener el Alzheimer o ponerle fin, lo que sí podemos decir es que se han realizado una serie de experimentos en animales, que ya tienen degeneración cerebral, algo muy similar a los que sufren este tipo de pacientes, y se puede decir que los animales que estaban en una dieta cetogénica, podían realizar las tareas de una mejor manera que los animales que no estaban en ella; por otro lado, se hicieron estudios en ratones en su etapa juvenil, que tenían lesiones cerebrales, y se pudo observar que aquellos a los que se les aplicó la dieta cetogénica, el cerebro estaba protegido de los daños, pero no sólo eso, hubo casos en los que fue posible regenerar el daño cerebral. Por lo tanto, podemos decir que la dieta cetogénica podría ser esperanzadora para los pacientes que sufren de la enfermedad de Alzheimer.

Estas son algunas de las enfermedades con las que la dieta cetogénica puede ayudarnos, pero también hay otras que serían igual de útiles para tener una mejor calidad de vida, por mencionar alguna otra enfermedad cerebral que esta dieta podría ayudar al cáncer de cerebro podría ser una de ellas, con esto no queremos decir que las enfermedades se eliminen solo haciendo la dieta, porque tampoco es mágica, pero podemos decir que podría mejorar la calidad de vida del paciente, y también es muy bueno para el paciente estar en mejores condiciones para tomar el tratamiento con su médico de confianza.

CAPÍTULO 5: NUTRICIÓN KETOGÉNICA

Al iniciar una dieta cetogénica, debemos tener en cuenta factores muy importantes como nuestros hábitos alimenticios; la cantidad de alimentos que comemos cada día con su consistencia (esto incluye las comidas pesadas o ligeras).

Además, debemos tener en cuenta factores importantes de nuestro cuerpo, como el peso y la altura, considerar si estamos consumiendo algún tratamiento farmacológico, realizar análisis de sangre previos para descartar cualquier debilidad que pueda producirse en nuestro cuerpo.

La dieta cetogénica tiene una innumerable variedad de beneficios, ya hemos visto cómo puede mejorar las funciones cerebrales, ayuda a la regulación hormonal en las mujeres, ha sido utilizada para pacientes que sufren de ataques epilépticos, y así una lista interminable de beneficios que ha logrado colocar a esta dieta como una de las más solicitadas y como una de las más investigadas.

Pero también ha surgido la necesidad de saber si este método de alimentación posee nutrientes de alto valor para nuestro organismo, y es que, aunque la principal restricción de la dieta keto es la eliminación de los carbohidratos y de los azúcares y harinas refinadas, los alimentos que se permiten son de alto contenido nutricional.

Si aprendemos a conocer nuestro cuerpo y el contenido nutricional de los alimentos, podemos hacer un cambio significativo en nuestras vidas. Uno de los grupos de alimentos que más se consume en esta dieta son las verduras. Se recomienda consumir muchos alimentos verdes, como espinacas, apio, o apio, España, perejil, todos con altas propiedades nutricionales y grandes cantidades de magnesio.

Otro de los alimentos que se utilizan en este plan es el consumo de carne, pollo, cerdo o pescado, aunque en otras dietas este tipo de alimentos está restringido, se trata de una dieta que prioriza el consumo de grasas naturales y saludables, sin afectar los niveles de colesterol o de triglicéridos, Los pescados blancos son opciones magras que son a la vez reducidas en calorías, el pescado es una proteína de alta calidad y una maravillosa fuente de omega 3, que proporciona innumerables beneficios para la salud de nuestro cuerpo, la idea principal de la comida cetogénica es reducir al máximo el consumo de carbohidratos para poder producir cuerpos cetónicos o cetosis.

El aceite de oliva es un elemento clave y nutritivo, es una excelente fuente de grasa de calidad para el cuerpo, el aceite de oliva tiene propiedades antioxidantes y antiinflamatorias. También es un aceite de alta calidad, pero siempre es aconsejable usarlo de forma moderada y evitar los alimentos fritos cuando se preparan las comidas.

El aguacate es una fruta muy utilizada en esta dieta, es una proteína vegetal que proporciona beneficios antioxidantes, así como vitaminas y minerales, el aguacate es rico en potasio, además de tener ácidos grasos que son muy beneficiosos para la salud cardiovascular, tienen una gran cantidad de fibra, ayudan a bajar los niveles de colesterol y triglicéridos. Es un alimento que se puede utilizar para preparar el desayuno, el almuerzo o la cena, y como puede ver, la comida también se centra en mejorar su salud.

El huevo también es un alimento permitido y nos proporciona grasa y proteína, vitamina B1, A, D, B2, y niacina, con la que podemos hacer muchos platos, y complementos para otras comidas.

Los frutos secos y las semillas también se recomiendan en esta dieta, rica en fibra y grasas naturales, omega3, antioxidantes, además de las semillas y los frutos secos se puede hacer un gran número de platos, ya sea pan keto, tortillas, mantequilla, e incluso cremas de chocolate, porque a medida que se adquieren más conocimientos sobre el tema y las propiedades de los alimentos que se consumen, se puede ser capaz de preparar platos o menús muy nutritivos y con el objetivo de llegar finalmente a la cetosis nutricional.

Los quesos frescos son ricos en proteínas con una baja cantidad de grasas saturadas y sodio, son una fuente rica en calcio, vitamina A y D. También hay quesos vegetarianos que, además de ser muy ricos, hay una gran variedad de ellos.

en la dieta cetogénica hay diferentes tipos dentro de ella, existe la clásica dieta cetogénica rica en grasas, donde alrededor del 90% de la dieta consumida es grasa, esta dieta se ajusta a las cantidades de energía de cada individuo, en general, se maneja de la siguiente manera: por cada 3 o 4 gramos de grasa consumida, se ofrece un gramo de proteína en conjunto. sin embargo, esto no siempre es así, dependiendo de las necesidades de cada persona, la dieta se ajustará en función de su capacidad cetogénica.

También existe la dieta cetogénica con triglicéridos de cadena media MCT propuesta en 1971 por Huttenlocher. En esta dieta, el tipo de grasa se consume como aceite de MCT, y es que los lípidos de MCT se metabolizan más rápido que los triglicéridos de cadena larga LCT, y por lo tanto permiten la cetosis más rápidamente.

¿QUÉ PASOS DEBEN SEGUIRSE PARA EL CORRECTO FUNCIONAMIENTO DE ESTA DIETA?

Como la dieta cetogénica es una dieta de nivel complejo, es muy importante que cada paso se siga estrictamente sin errores.

No importa si hacemos esta dieta por nuestra propia decisión o para mejorar nuestra salud y condición física o si sufrimos algún tipo de enfermedad (como epilepsia, diabetes entre otras) que nos beneficiaría en la salud, es muy importante acudir a un nutricionista para que nos dé la orientación necesaria para no perjudicar nuestra salud y nos informe correctamente de cómo seguir la dieta cetogénica.

En el caso de los niños, es muy importante que cumplan con todas las reglas de la dieta equilibrada sin ningún fallo; ya que, al encontrarse en una etapa de crecimiento, estos cambios marcarán un gran cambio en su organismo y en su desarrollo cognitivo. Como ya sabemos, cada dieta es personal, y por este motivo, no todas las dietas son adecuadas para todos los niños (independientemente de que tengan la misma edad, peso o tamaño).

Los nutricionistas suelen evaluar principalmente el número de nutrientes consumidos en los tres primeros días de comenzar este nuevo estilo de nutrición para observar en detalle cómo reacciona nuestro cuerpo a los cambios e incluso, en algunos casos, supervisa una enfermedad.

TIPOS DE DIETA KETOGÉNICA

Hay diferentes tipos de dieta citogenética, y por eso debemos estar muy atentos a cuál es la más apropiada según nuestra condición física y mental.

DIETA CITOGENÉTICA CÍCLICA

Este tipo de dieta es aquella en la que, como su nombre indica, se va a seguir un ciclo en el que se incluye un plan de ciertos períodos para el consumo de carbohidratos, por ejemplo: 6 días de estricto cumplimiento de la dieta cetogénica y un día de carbohidratos.

DIETA CETOGÉNICA ESTÁNDAR

Este es el tipo de dieta en la que su plan de comidas bajas en carbohidratos modera la ingesta de carbohidratos y la mayoría de los alimentos serán a base de grasas. Esto normalmente oscilará entre el 75% y el 80% de grasa, entre el 15% y el 20% de proteína y sólo el 5% o menos de ingesta de carbohidratos.

DIETA CETOGÉNICA DE ALTA PROTEÍNA

Este tipo de dieta es aquella en la que la distribución de los alimentos es la siguiente: 60% de grasa, 5% de carbohidratos y 35% de proteínas. En otras palabras, esta dieta realizará las funciones de la dieta citogenética estándar, pero añadirá más proteínas de lo habitual.

Es importante señalar que estos porcentajes pueden variar según las necesidades de nuestro cuerpo y condición.

DIETA CITOGENÉTICA ADAPTADA

Este es el tipo de dieta en la que se nos permite consumir carbohidratos en los días que hacemos ejercicio.

En general, las dietas cíclicas o adaptadas son utilizadas con fines más profesionales por los expertos en salud, los atletas o los culturistas, ya que tienen un conocimiento más profundo de su cuerpo y son capaces de manejar cualquier tipo de situación con su cuerpo.

CAPÍTULO 6: AYUNO INTERMITENTE

Cada vez más personas están interesadas en practicar el ayuno intermitente, ya que cada día se conocen más los amplios beneficios que puede conseguir nuestro cuerpo al aplicarlo. Hoy en día, la palabra "ayuno intermitente" se ha convertido prácticamente en una tendencia mundial, sobre todo en el ámbito de la aptitud física y los métodos para perder peso más rápidamente y sin efecto rebote, que es lo que preocupa principalmente a las personas que hacen dietas diferentes.

El ayuno intermitente es un mecanismo fisiológico que se ha practicado desde nuestros antepasados, el ayuno es absolutamente beneficioso para la salud, y es algo que se ha practicado a lo largo de la historia.

Pero cuales son los resultados que podemos obtener al aplicar el ayuno intermitente, que nos anima a aplicarlo, pues, el ayuno intermitente regula la glucosa en la sangre, mejora la presión arterial, mejora el enfoque y la claridad mental, ayuda notablemente en el proceso de desintoxicación, aumenta considerablemente los niveles de energía de nuestro cuerpo, aumenta la productividad de diferentes hormonas en nuestro organismo, como la hormona del crecimiento, reduce el ritmo de envejecimiento, previene el cáncer, la regeneración celular, entre muchos otros beneficios.

El ayuno intermitente es muy importante y consiste en no comer alimentos durante un tiempo estimado. El ayuno diario entre 16-22 horas es una herramienta de salud que disminuye el riesgo de enfermedades.

Cuando hacemos el ayuno intermitente los niveles de insulina bajan cuando estos niveles bajan, el cuerpo extrae energía del hígado y de las grasas, y cuando ayunamos continuamente nuestro cuerpo logrará un buen equilibrio y comienza la keto-adaptación. El ayuno intermitente funciona porque cuando bajamos los niveles de insulina, el cuerpo comienza a quemar grasa.

La mejor manera de hacer un ayuno intermitente es con la dieta cetogénica, el ejercicio. El ayuno intermitente permite a las hormonas hacer su trabajo correctamente, durante este periodo de tiempo que no ingerimos ningún alimento no hay insulina, y en su ausencia, las hormonas contra-reguladoras como la hormona del crecimiento, el glucagón, la adrenalina, etc., pueden iniciar las vías de reparación celular y así limpiar nuestro cuerpo de desechos metabólicos, ayudando al crecimiento de la masa muscular, para acceder a nuestra grasa corporal que empieza a ser utilizada inteligentemente por nuestro cuerpo como energía, comienza la producción de cetonas en el hígado y aumenta el gasto calórico basal.

Cuando ayunamos de forma intermitente, aumenta la producción de hormonas de crecimiento (GH), como ya se ha mencionado, pero ¿qué hace esta hormona en nuestro cuerpo? hace tres cosas fundamentales: favorece la lipólisis, aumentando la oxidación de las grasas, ayudando así a la producción de cetonas, también ayuda a mantener la masa muscular inhibiendo la degradación de los músculos para producir glucosa, y finalmente evita que presentemos síntomas de hipoglucemia.

Debemos entender que cuando comemos y cuando nos suprimimos de la comida generamos hormonas que tienen diferentes mecanismos de acción, por ejemplo, cuando practicamos el ayuno, es decir, no comemos durante ciertos períodos de tiempo, generamos más hormonas de crecimiento, adrenalina o glucagón, mientras que cuando nos alimentamos, generamos la hormona insulina. En la actualidad, las personas sufren de hiperinsulinemia y deficiencia de la hormona de crecimiento, lo que nos lleva a concluir que es necesario y aconsejable aplicar un ayuno intermitente acompañado de una alimentación cetogénica.

Actualmente existen varias modalidades de ayuno intermitente, pero mencionaremos las tres más importantes, recordando que no es una regla a aplicar y que cada uno puede aplicarla de acuerdo a sus propios requerimientos y a las recomendaciones del especialista. Las categorías de ayuno intermitente que hemos resumido entre tantas modalidades de ayuno que existen son las siguientes:

AYUNO INTERMITENTE (IF)

Este ayuno voluntario restringe la ingesta de alimentos sólidos durante un período de tiempo de entre 16 y 48 horas. También puede restringir el consumo de alimentos por un período de tiempo de 6-8 horas.

AYUNO PERIÓDICO (PF)

Tipo Buchinger rápido. El método de ayuno de Büchinger consiste en una ingesta limitada de zumos de fruta, así como pequeñas cantidades de caldo de verduras siendo el consumo de energía nutricional de 200 a 400 kcal/día. Con este método también se practica el ejercicio, técnicas de cuerpo y mente, la aplicación de enemas y la toma de sales laxantes.

INTERMEDIO 24/7 AYUNO

Este tipo de ayuno intermitente consiste en tener sólo 4 horas al día para comer, dejando así las otras 20 horas de ayuno; esto podría resumirse en dos comidas e incluso una al día.

Este tipo de ayuno podría ofrecer resultados muy prometedores porque, como hemos visto, es muy difícil ser superado con comida que nos alimente como mucho dos veces al día.

Ahora bien, la aplicación de cualquiera de estos tipos de ayuno conlleva una serie de resultados que han sido catalogados como beneficiosos:

En el ritmo circadiano, un estudio con individuos con sobrepeso comió sólo 10-11 horas al día durante 16 semanas y no sólo pudieron reducir el peso corporal, quemar grasa localizada y manifestarse llenos de energía, sino que, además, hubo mejoras en el sueño, y los beneficios persistieron durante un año.

La pauta de alimentación más común en la sociedad actual consiste en comer tres comidas al día más refrigerios; en estudios realizados en animales y en seres humanos se sugiere que el ayuno intermitente, cuando el período de ayuno se extiende a 16 horas, puede mejorar los indicadores de salud y contrarrestar así los procesos de enfermedad.

Se producen cambios en el metabolismo de las grasas y se producen cetonas, así como la estimulación de respuestas de adaptación al estrés celular que previenen y también reparan el daño molecular.

Se han observado mejoras en el efecto antitumoral, mejorando los mecanismos de la autofagia, gracias a estos estudios Yoshinori Ohsumi ha sido galardonado con el Premio Nobel en 2016

El ayuno intermitente y el propio ayuno tiene el potencial de retrasar el envejecimiento, y especialmente el envejecimiento del cerebro, en estudios con animales, se ha demostrado que la restricción calórica diaria, el ayuno intermitente y el ayuno en días alternos, modifica las vías sensoriales de los nutrientes en el cerebro, aumentando la plasticidad sináptica, la neurogénesis y la neuroprotección.

Los pequeños ensayos recientes de ayuno intermitente en pacientes con cáncer o esclerosis múltiple han generado resultados prometedores que proporcionan una sólida base para avanzar en ensayos clínicos más amplios.

¿QUÉ ES LA AUTOFAGIA?

Nuestro organismo requiere períodos de máxima intensidad y períodos de descanso absoluto, y esto lo podemos notar en la luz brillante que recibimos durante el día, donde muchos procesos químicos, fisiológicos y biológicos ocurren en nuestro organismo, y más tarde tenemos un período de descanso, cuando llega la noche, donde también ocurren ciertos procesos, lo mismo ocurre con los cambios de temperatura y lo mismo ocurre con los alimentos, el cuerpo necesita momentos o períodos de alimentación pero también necesita períodos de abstinencia y regeneración. Cuando practicamos el ayuno intermitente, por ejemplo, le damos a nuestro cuerpo esos períodos que necesita.

Cuando practicamos el ayuno intermitente, se produce algo llamado autofagia, que se puede explicar de la siguiente manera: en 1974, Christian de Duve descubrió los lisosomas, y observó que tenían la capacidad de reciclar la chatarra celular, es decir, las mitocondrias disfuncionales, las bacterias e incluso los virus, y los convirtió en nuevas moléculas funcionales.

De esta manera, la célula se alimentaría de sus propias partes dañadas para renovarse, y de ahí el término o expresión "autofagia". Si no viviéramos este importante proceso de autofagia en las células, toda esa chatarra celular se acumularía en nuestro organismo causando finalmente un sinfín de enfermedades y el envejecimiento acelerado del organismo celular.

Cuando practicamos el ayuno, activamos la autofagia, y como consecuencia de esta activación, se consiguen todos los beneficios que se mencionaron anteriormente. Pero la autofagia no se produce instantáneamente aplicando un ayuno intermitente. Más bien es un proceso que ocurrirá gradualmente. Es importante destacar que no es necesario hacer un ayuno muy prolongado para llegar a la autofagia; lo importante es ser constante con la aplicación del ayuno intermitente, por ejemplo.

Puedes empezar a implementar el ayuno de 13 horas en las horas de sueño; puedes jugar con diferentes combinaciones de ayuno intermitente:

Frecuencia elevada: Períodos de 12/12 ó 16/8, lo que significa 12 horas de ayuno y 12 horas de ingesta de alimentos dentro de la dieta cetogénica, o 16 horas de ayuno y 8 horas de ingesta de alimentos dentro de la dieta cetogénica. Este proceso puede aplicarse varios días a la semana o todos los días.

Frecuencia media: Ayuno durante 24 horas, este tipo de ayuno puede realizarse una vez a la semana, cabe señalar que este tipo de práctica se recomienda realizarla bajo supervisión médica y con una preparación previa de nuestro cuerpo, no se recomienda en ningún caso practicar sin información previa.

Baja frecuencia: ayuno o restricción del consumo de alimentos sólidos durante 2-3 días y generalmente practicado una vez al mes; asimismo, este tipo de práctica debe realizarse bajo supervisión médica.

Durante el ayuno se puede consumir agua, vinagre de manzana, café, agua con limón, té, pero la grasa, el aceite de coco y los jugos verdes salen del ayuno, ya que los carbohidratos y la grasa estimulan la insulina.

¿Cómo podemos romper estas horas de ayuno? Una vez que pasamos horas sin comer alimentos sólidos. La autofagia se inhibe por elevaciones de insulina o la presencia de aminoácidos, pero es muy difícil de determinar. Durante el ayuno es aconsejable consumir agua a la que se le puede añadir jugo de limón o naranja, bebidas probióticas, caldo de huesos que proporciona nutrición con la ingesta de pocas calorías. Estas son algunas de las combinaciones de alimentos que recomendamos para romper el ayuno, ya que cuando pasan tantas horas sin ingerir alimentos sólidos no es recomendable que al terminar se empiece a ingerir grandes cantidades de alimentos, sino que se comience con una infusión, un caldo de huesos, agua, y poco a poco se empiecen a ingerir alimentos dentro de la dieta cetogénica.

El ayuno está contraindicado para las mujeres embarazadas, los niños, cualquier persona que tenga alteraciones hormonales, son algunas de las contraindicaciones que debemos tener en cuenta antes de aplicar el ayuno, por lo que insistimos en el hecho de que antes de ayunar se debe consultar con expertos porque cada caso es individual.

CAPÍTULO 7:
BENEFICIOS DEL AYUNO

LAS VENTAJAS DEL AYUNO

Una de las ventajas más obvias del ayuno es la pérdida de peso. En la antigüedad se llamaba desintoxicación del cuerpo a todos los períodos de ayuno en los que la idea era limitar la ingesta de alimentos durante un cierto número de horas para purificar el sistema digestivo. Se creía que, si duraba un tiempo desintoxicándose, nuestro cuerpo eliminaría todas esas toxinas y nos haría parecer más jóvenes. En cierto modo era correcto porque al llevar un estilo de vida saludable, nuestra piel es la primera en reflejarlo.

El correcto seguimiento de esta rutina de alimentación puede ofrecernos una serie de beneficios para la salud e incluso para nuestro rendimiento físico en el día a día. Como se ha mencionado, los resultados de estos beneficios serán aquellos que dependen de nuestra voluntad de mejorar los hábitos alimenticios.

Por eso cuando hacemos un protocolo de alimentos como el ayuno intermitente, debemos hacerlo de manera adecuada porque es inútil ayunar a base de una dieta de alimentos precocidos, basura, fritos y enlatados o cualquier otro alimento de origen no natural, ya que va a ser lo mismo que seguir consumiendo estos alimentos en nuestro día a día, todos los días.

Entre las ventajas del ayuno intermitente que beneficia a nuestro organismo está la siguiente:

- Mejora la sensibilidad de la insulina y la glucosa como sustrato energético:

Como ya se ha mencionado, la insulina es la hormona producida por el páncreas, que es responsable de captar la glucosa como resultado de la ingesta de carbohidratos (que se almacenan en la sangre para ser liberados posteriormente y transportados al punto en que se utilizarán para equilibrar los niveles de glucosa).

Cuando esta hormona se vuelve tan sensible a nuestro cuerpo, hay una mayor quema de grasa acumulada en nuestro cuerpo como resultado de la disminución de glucógeno dentro de nuestro cuerpo en el período de ayuno (especialmente cuando se realiza alguna actividad física). Es por esta razón que nuestro cuerpo es capaz de asimilar de una manera más eficaz la glucosa que proporcionamos en los alimentos de casa.

- Ayuda a perder grasa, mejorar el colesterol y reducir los triglicéridos.

Como hemos mencionado antes, una de las principales razones por las que mucha gente viene a esta dieta buscando una forma de quemar grasa y también mejorar el colesterol y reducir los triglicéridos.

Muchos estudios afirman que la actividad física y el ayuno intermitente pueden lograr una mayor pérdida de grasa, mejorando a su vez el sistema corporal.

- Aumenta la SIRT3, la proteína de la juventud, y reduce la mortalidad.

Cuando nuestro cuerpo está en estado de ayuno, nuestro cuerpo realiza una serie de procesos que favorecen la hormona del crecimiento y la proteína de la juventud. Esta hormona dificulta el consumo de glucosa en nuestro cuerpo, y por eso se ve obligado a recurrir a la reserva de grasa acumulada para obtener energía.

- Ayuda a reducir el crecimiento de las células cancerígenas.

El ayuno se considera una forma de reducir la posibilidad de cáncer porque cuando no hay glucosa, todas esas células sanas comienzan automáticamente a quemar grasa, dejando así las células cancerosas sin energía y oxidadas para matarlas completamente.

También reduce los niveles de IGF-1, una hormona vinculada a la insulina, que se considera un motor de proliferación celular considerado necesario en el momento de la actividad física. Sin embargo, su nivel puede ser peligroso cuando una persona ya ha desarrollado cáncer.

- Ayuda a reducir la mortalidad por problemas de obesidad.

Se ha demostrado que el ayuno intermitente puede ser un buen método de prevención de enfermedades (que es preventivo a largo plazo). Aunque se sabe que padecer obesidad aumenta el alcance de todo tipo de enfermedades (cardíacas, glucémicas y muchas otras) que pueden ser mortales, la correcta observancia de un ayuno puede reducir considerablemente (o en su totalidad) las concentraciones de triacilglicerol, el aumento del nivel de colesterol y glucosa e incluso puede reducir la posibilidad de desarrollar enfermedades como la de Alzheimer.

Además, entre las ventajas que nos favorecen, destacan los siguientes factores:

- Reduce la inflamación.
- Nos ayuda a mejorar nuestra capacidad de autocontrol frente a la ansiedad y la falta de control de los alimentos.
- Tiene efectos positivos en el sistema neuronal.
- Favorece la autofagia; el organismo activa los mecanismos de reciclaje internos.

Muchas investigaciones han demostrado que la mayoría de las personas prefieren seguir un régimen de ayuno intermitente en sus hábitos alimentarios a largo plazo para seguir una dieta que genera ansiedad en cuanto a la restricción de alimentos.

Estas investigaciones también muestran que reducir sólo la ingesta de calorías en su dieta diaria facilita mucho más la preparación de sus alimentos; se han dado casos de personas que solían consumir infinitas calorías y con sólo reducir unas pocas han logrado mejorar sus hábitos sin sentir la ausencia de su cambio de dieta e incluso logrando una pérdida masiva de peso o un exceso de grasa.

¿Cómo afecta el ayuno intermitente a nuestro cuerpo?

El ayuno intermitente, además de restringir la ingesta de calorías, beneficia a las hormonas del cuerpo para recurrir a la grasa acumulada. Además, el ayuno favorece en gran medida la regeneración de las células dañadas de nuestro cuerpo.

En cuanto a la sensibilidad de la insulina, es capaz de ayudar a todas (o a la mayoría) de las personas que sufren problemas de sobrepeso a quemar grasa de forma más rápida y eficaz. Además, al mismo tiempo que se quema grasa, se genera músculo y por eso este tipo de dieta es más utilizada por culturistas y atletas.

¿Se recomienda el ayuno intermitente a cualquier persona que practique actividad física?

Como hemos estado hablando, no hay una rutina de entrenamiento o dieta específica porque el cuerpo de cada persona asimila las cosas de manera diferente. Lo que debemos tener en cuenta es que cuando se hace un entrenamiento muy intenso (ya sea ciclismo, natación o correr un maratón) es necesario consumir algo que nos dé un buen rendimiento y, en este caso, un ayuno no sería ideal para este tipo de situaciones.

Lo mismo podría aplicarse a las personas que no realizan actividades físicas de alto rendimiento sino actividades físicas suaves, pero que lo hacen en condiciones climáticas de temperatura y humedad elevadas, ya que el cuerpo necesitará el consumo de más energía para adaptarse a la situación en la que se encuentra y no tendrá suficientes nutrientes.

Por esta razón, en el momento de realizar un ayuno intermitente, es necesario tener en cuenta el nivel de exigencia, las condiciones a las que estamos expuestos y la duración de nuestro entrenamiento. Además, debemos tener siempre en cuenta el tiempo que ha transcurrido desde la última comida hasta el comienzo del entrenamiento, asegurándonos de que hemos digerido correctamente nuestra comida.

Seguramente hemos oído que un entrenamiento en ayuno suele ser mucho más recomendable y pensaremos que esto es una contradicción, un entrenamiento en ayuno siempre es bueno para la salud de la persona siempre y cuando la duración de éste sea igual o inferior a una hora, con una intensidad baja (o moderadamente alta). De esta manera, el cuerpo se adapta lentamente para trabajar en condiciones de bajo nivel de glucógeno.

No se recomienda el ayuno cuando se hace ejercicio a todas las personas que han sufrido algún tipo de trastorno alimentario (como la anorexia o la bulimia), a las personas con diabetes o hipoglucemia, ya que puede ser perjudicial para su cuerpo.

Es muy común pensar que este método de ayuno intermitente es algo nuevo que se ha utilizado en los últimos años, si bien es cierto que ha sido un método que ha ganado popularidad en los últimos años, de hecho, este método de alimentación proviene de tiempos primitivos porque no tenían opción de acceder a los alimentos y tenían que salir a buscarlos.

De la misma manera, siempre será aconsejable que cada persona evalúe qué método puede resultar de este protocolo y, de esta manera, observe cómo influye en su día de trabajo o ejercicio diario. De esta manera, se comprueba lo que su cuerpo necesita y si es capaz de manejarlo.

CAPÍTULO 8: AYUNO
PARA LA PÉRDIDA DE PESO

Ya tenemos conocimiento previo de lo que significa el ayuno. Sabemos lo que significa abstenerse de comer, beber o ambas cosas, durante un período de tiempo elegido por el practicante del ayuno.

El ayuno es un proceso que se ha practicado durante muchos años, desde nuestros antepasados y en diferentes culturas, de hecho, hay poblaciones que practican el ayuno y son poblaciones duraderas, que practican el ayuno, el ejercicio y la buena comida. Pero el ayuno hoy en día también se utiliza ampliamente para perder peso. Sin embargo, más que una herramienta para perder peso, es un estilo de vida para mejorar la salud, como hemos visto en casos anteriores.

Aplicar el ayuno en nuestro organismo para adelgazar ayuda a eliminar la grasa acumulada del cuerpo y a perder peso, de la misma manera ayuda a aprovechar la energía que se utiliza para la digestión en otros procesos del organismo, para poder así dar un descanso a algunos de nuestros órganos. El ayuno sirve para limpiar y desintoxicar el cuerpo. Siempre es aconsejable buscar la ayuda de especialistas antes de aplicar el ayuno porque, cuando se aplica incorrectamente, también puede tener consecuencias perjudiciales para nuestro cuerpo, por lo que es importante no sólo investigar sino conocer nuestro cuerpo y dejarse guiar por un especialista al comienzo de este proceso tan beneficioso.

Con el fin de perder peso, se han implementado varios tipos de ayuno:

Hay ayunos que se aplican durante un largo período, y este ayuno puede durar varias semanas o incluso meses, dependiendo de los resultados deseados y las condiciones fisiológicas de cada organismo. En esta etapa se eliminan todos los carbohidratos y calorías y lo que se consume principalmente es sólo líquido. El objetivo principal de este ayuno es alcanzar rápidamente los niveles de cetosis en nuestro cuerpo. Pero debemos compensar esta falta de alimentos con suplementos, minerales guiados por especialistas, dependiendo exclusivamente de las condiciones y requerimientos particulares de cada persona.

El ayuno con jugos es un tipo de ayuno en el que el alimento principal son los jugos de fruta. Hay varios protocolos de ayuno como este que se aplican para enfermedades específicas como el cáncer, una terapia muy conocida y aplicada para la curación y la desintoxicación es la "terapia Gerson". En este tipo de ayuno, se deben incorporar todos los nutrientes necesarios para nuestro cuerpo. Al mismo tiempo, ayuda al cuerpo a mejorar la digestión, y esto se logra en este caso no consumiendo ningún alimento sólido.

El ayuno alternativo es muy a menudo utilizado por los expertos para la pérdida de peso y la quema de grasa, en este caso, se puede llegar a tener un día completo sin comer alimentos y alternar con días normales en los que se consumen alimentos de forma restringida o controlada siguiendo la dieta cetogénica de forma natural. Es rápido, y al igual que los mencionados anteriormente, debe ser prescrito por expertos. Debemos tener los conocimientos no sólo para seguirlos y apegarnos a ellos sino para obtener los resultados esperados porque si no se aplican correctamente, también pueden traer consecuencias a nuestra salud.

El ayuno periódico, que difiere del ayuno intermitente en que este tipo de ayuno se aplica durante cierto tiempo, pero hay más días de alimentación normal o en los que se permiten alimentos sólidos, en este caso, el ayuno puede hacerse en un día específico, podría ser un día específico de la semana, por ejemplo, y el resto de la semana la persona tiene permiso para consumir los alimentos permitidos dentro de la dieta cetogénica.

El ayuno intermitente es actualmente el más conocido y aplicado por todas o la mayoría de las personas que aplican la dieta cetogénica en la que van a consumir alimentos durante un período de tiempo determinado, y luego pasan otro período sin comer o consumir líquidos que no rompen con el ayuno aplicado, por ejemplo, se puede ayunar durante 16 horas, logrando dejar de comer alimentos durante ese período y después de ello consumir alimentos dentro de la dieta cetogénica, también y siguiendo los mismos pasos se puede ayunar durante 18 y 20 horas, todo dependerá siempre de su propósito, su preparación, y su cuerpo principalmente.

El ayuno como ya se ha mencionado, debe aplicarse con absoluto conocimiento de lo que queremos lograr y de las condiciones previas en las que nuestro cuerpo debe llevarlo a cabo, en el caso de la pérdida de peso, el objetivo principal es lograr la cetosis y así comenzar a perder esa grasa localizada sin tener pérdida de masa muscular, también debemos tener conocimiento de cómo romper el ayuno, y este paso debe hacerse gradualmente, es decir, Para romper el ayuno deben consumir lentamente los alimentos, es aconsejable comenzar con un caldo de huesos por ejemplo, y es que con la práctica del ayuno también puedes determinar cuáles son los posibles alimentos que te producen inflamación, ya que después de tener un período de tiempo sin consumir alimentos y comenzar a ingerirlos gradualmente, puedes determinar si alguno de ellos te produce molestias, por ejemplo, o inflamación en tu organismo.

Ya sea para la pérdida de peso o para cualquier otro propósito, es necesario recordar que debemos romper el ayuno con una dieta equilibrada y dentro de la dieta cetogénica porque de lo contrario, todo lo logrado con el ayuno se perdería.

Cuando aplicamos el ayuno en cualquiera de los casos explicados anteriormente, una de las primeras cosas que ocurre es que los niveles de azúcar e insulina en la sangre disminuyen, se observa que aumenta la respuesta del cuerpo a la insulina, que es la hormona que regula los niveles de azúcar en la sangre, por lo tanto, al regular estos niveles se comienza a quemar esa grasa localizada que todos queremos eliminar de nuestro cuerpo.

El ayuno también aumenta la producción de la hormona del crecimiento, la adrenalina y el glucagón, que son responsables de activar el mecanismo de la lipólisis, que es la combustión de las grasas, ayudando así a eliminar la grasa del cuerpo mientras se preservan los músculos. Es un tipo de alimento en el que no hay hambre, y se obtienen excelentes resultados.

Después de dos o tres semanas de limitar la ingesta de carbohidratos a menos de 50 gramos por día y aplicar el ayuno se empieza a observar cómo bajan los niveles de azúcar en la sangre, es aconsejable consumir también sal en las comidas para prevenir algunos de los efectos secundarios. Cuando se realiza el ayuno hay períodos de keto-adaptación que se logra generalmente entre dos y cuatro semanas, hay estudios que clasifican la keto-adaptación en tres fases, la fase corta de adaptación que se logra de 7 a 14 días, la fase media que se logra de 14 a 35 días de ayuno, y la fase larga de adaptación que se logra de 2 a 12 meses. En el proceso de ceto-adaptación, lo que se puede observar es una disminución considerable de los síntomas causados por la restricción de carbohidratos, cuando se lleva a cabo un proceso de ceto-adaptación, el cuerpo se siente más enérgico, el cuerpo ya está desintoxicado, y se empiezan a notar los cambios y beneficios en nuestro cuerpo.

El ayuno tiene la particularidad de que se puede elegir de manera abierta, es decir, que ustedes mismos pueden elegir qué tipo de ayuno elegir, qué tipo de alimentos deben consumir y cuándo deben consumir, esto hace que sea un método para perder peso bastante flexible, y, de hecho, al poder aplicarse de esta manera y no ser una dieta estricta se ha logrado que cada vez más personas lo apliquen con éxito.

Es un buen método para lograr el adelgazamiento y aumentar la quema de grasa y es que cuando el cuerpo llega a la cetosis, el cuerpo es responsable de tomar la grasa acumulada de nuestro cuerpo y así quemar la grasa que hemos acumulado. En el caso del entrenamiento realizado en un ayuno, hay opiniones que sugieren que es bueno hacer ejercicio en un ayuno porque en un ayuno el cuerpo tiene menos cantidades de glucosa y de esta manera utiliza la grasa para adquirir la energía que demanda el ejercicio, de hecho, hay estudios que han demostrado que el ejercicio en un ayuno quema más grasa que hacerlo después de comer. Aunque el ejercicio en ayunas es bueno, también se recomienda no hacer ejercicios de alta intensidad. Una vez más se recomienda que estas prácticas sean realizadas de manera controlada por personas capacitadas. No todo el mundo puede aplicar el ayuno, no todo el mundo puede ejercitar el ayuno, es necesario evaluar cuidadosamente las capacidades individuales de cada persona para aplicar estos protocolos, lo que es cierto es que se han observado grandes beneficios al aplicarlos y que en el caso de la pérdida de peso los resultados han sido bastante alentadores, además, todos estos métodos para perder peso dependen principalmente de la perseverancia y la planificación para realizarlos, es necesario y recomendable consumir suplementos, vitaminas, minerales, electrolitos, en conjunto con la aplicación del ayuno y las dietas cetogénicas.

CAPÍTULO 9:
ALIMENTOS INCLUIDOS EN EL AYUNO INTERMITENTE

Para saber qué tipos o qué alimentos están incluidos o permitidos en el ayuno, debemos saber qué tipo de ayuno vamos a realizar. Sin embargo, los alimentos no cambian mucho según el ayuno de nuestra preferencia. Por lo tanto, les daremos un ejemplo de los alimentos incluidos en el ayuno de 16/8

¿En qué se basa el ayuno intermitente de 16/8?

Este tipo de ayuno intermitente es muy simple y sólo consiste en dividir nuestro "plan de alimentación" del día en dos, de las cuales 8 horas serán las que nos permitan comer, y 16 horas serán las horas en las que nuestro cuerpo estará en ayunas.

Normalmente, estas 16 horas de ayuno incluyen las horas de sueño, por lo que es más fácil hacerlo sin ser plenamente conscientes del tiempo que pasamos en ayunas.

Podemos presentar un caso muy simple describiendo el estilo de vida de una persona que lleva esta dieta, esta persona en su dieta intermitente 16/8 se levanta a las 8:00 AM para hacer su actividad física como cardio durante 45 minutos, luego hace su primera comida a las 12:00 PM (a partir de aquí comienza las 8 horas) hasta las 8 pm, cuando cena y después de dos horas se va a dormir. Si contamos sus horas nocturnas, podemos ver que esta persona es capaz de tomar un ayuno ligero que no se refleja de manera tan pesada.

Una de las grandes ventajas de esta dieta es la facilidad de adaptarla a nuestro estilo de vida, así no nos complica tanto la tarea de poder mantener una dieta adecuada.

¿Cómo puedo organizar mis horarios de ayuno intermitente?

Como haremos nuestro acercamiento al método 16/8 de la dieta intermitente, propondremos una serie de horarios con los que nos podremos gobernar inicialmente, pero estos siempre dependerán de nuestra agenda y capacidad para cumplirlos.

Tendremos como primera opción la más utilizada: Esta dieta de 8 horas comienza a partir de las 10:00 de la mañana y termina a las 6:00 pm, entrando en un período de ayuno de 6:00pm a 10: 00 am, teniendo así nuestras 16 horas de ayuno.

Como segunda opción, tendremos lo explicado anteriormente donde la primera comida comienza a las 12:00 pm, teniendo como última cena a las 8:00 pm.

Como tercera opción, tenemos el caso en el que la primera comida es a la 1:00 pm, siendo la última comida a las 9:00 pm.

¿Puede el ayuno causar ataques de hambre?

Muchas veces el factor de miedo de las personas cuando ayunan es el miedo a "pasar hambre", lo que genera una ansiedad tan fuerte que podrían terminar comiendo aún peor de lo que deberían.

Bueno, esto es un mito, porque en el momento en que llega cada comida aprendemos a disfrutar más y podemos incluso sentirnos satisfechos con cada bocado sin tener que superarnos.

Sin embargo, para evitar tener esos antojos durante las horas de ayuno, es esencial que cada comida contenga alimentos nutritivos para que podamos tener esa sensación de estar satisfechos. En caso de que lleguemos a presentar un episodio de ansiedad o antojo lo más aconsejable es beber un vaso de agua o alternativamente un caldo de verduras para calmar un poco, llegará el momento en que nos acostumbremos e incluso puede favorecernos en complementar nuestros platos de comida.

¿El café rompe el estado de ayuno?

- Hasta ahora, no se han encontrado datos que confirmen que tomar café nos saque del estado de ayuno. Incluso muchos expertos incluyen el café en la dieta o en el régimen de ayuno (siempre y cuando se trate de café solo, sin ningún tipo de "topping" o azúcar)

Sin embargo, hay casos de personas que prefieren evitar el café y recurrir a opciones como los caldos caseros de verduras, agua y sal, goma de mascar sin azúcar, e incluso beber mucha agua. Todo esto es aceptable siempre y cuando evitemos los refrescos (con o sin azúcar) y los zumos envasados.

¿Puedo comer algo una vez que mis horas de ayuno hayan terminado?

Una vez terminadas las horas de ayuno, lo ideal es comer (y beber) de la forma más saludable posible, ya que es inútil ayunar si no se come bien.

En el caso del ayuno, se recomienda seguir el modelo de platos de Harvard. ¿Qué es esto?

Esta es sólo una forma de servir nuestra comida. Será de la siguiente manera: La parte principal de nuestro plato (que contendrá la mitad) serán las verduras; un cuarto serán los carbohidratos, el otro cuarto serán las carnes (rojas o blancas como el pescado, el pollo) o las legumbres.

Con esto, buscamos que los alimentos más pesados sean las verduras y los carbohidratos, y que las proteínas sean las compañeras de nuestras comidas.

Además, si queremos un postre, recomendamos fruta, ensalada de frutas o yogur, evitando siempre esos bocadillos rápidos que no son de origen natural.

¿Qué alimentos se recomiendan para las horas de alimentación permitidas?

En realidad, no existe una dieta por la cual debamos regularnos de manera obligatoria ya que se considera que con el ayuno estamos quemando las calorías necesarias. Sin embargo, siempre es bueno mantener una dieta correctamente equilibrada para que estas calorías perdidas puedan ser notadas a largo plazo en nuestro cuerpo.

Se recomienda sobre todo el consumo de alimentos frescos como verduras y frutas. De esta manera, estamos empezando con un mejor estilo de vida a través de la comida. Las cantidades de proteína e incluso los mismos alimentos frescos deben ser proporcionados por un nutricionista ya que nos ayudará a mejorar ciertos aspectos en base a lo que nuestro cuerpo necesita.

¿Cuántas comidas por día?

Por lo general, al hacer este tipo de dieta, se hacen 2 o 3 comidas principales, e incluso en algunos casos, hay personas que hacen un pequeño tentempié (siempre y cuando sea dentro de las horas en que se permite la ingesta de alimentos).

- Si una persona suele despertarse tarde, puede empezar el día con el almuerzo, tomar un mini tentempié a media tarde y finalmente cerrar con la cena.

Hay otros casos de personas madrugadoras que empiezan el día con un desayuno completo, un almuerzo y una cena/bocadillo.

A continuación, vamos a ver un ejemplo de un menú que podría servirnos de base para adaptar nuestro menú, según nuestras necesidades:

Ayuno intermedio 16/8: Opción de la mañana

Si usted es una de esas personas que comienza su día muy temprano, necesitará suficiente energía para realizar sus tareas diarias, por lo que esta es la opción que mejor le puede convenir.

En esta opción, podrá comer comida sólo de 10:00 am a 6:pm (18:00h), el resto del tiempo nuestro cuerpo estará en estado de ayuno:

- 7:00 am Empieza el día con té, café, infusión o agua.
- 10:00 am Primera comida, desayuno completo.
- 2:00 pm (14:00 hrs): Almuerzo
- 6:00pm (18:00 hrs): Merienda o cena
- 8:00 pm (20:00 hrs): En caso de ansiedad, hambre o antojos, puedes preparar un caldo de verduras o un té.

Si usted es una de esas personas a las que les gusta dormir y empiezan el día un poco más tarde de lo habitual, debe estar muy atento a cuáles son sus horarios de comida y poder cumplir con todo a la hora, por lo que esta es la opción que mejor le puede convenir.

En esta opción podrá comer sólo de 12:00 a 20:00h, el resto del tiempo nuestro cuerpo estará en estado de ayuno:

- 9:00 am Empieza el día con té, café, infusión o agua.
- 12:00 am Primera comida; debe ser un almuerzo completo para poder aportar todas las energías necesarias.
- 3:00 pm (14:00 hrs): merienda
- 6:00pm (18:00 hrs): cena

- 8:00 pm (20:00 hrs): En caso de ansiedad, hambre o antojos, puedes preparar un caldo de verduras o un té.

¿CUÁNTO TIEMPO SE RECOMIENDA CONTINUAR CON LA RUTINA DE AYUNO INTERMITENTE?

Lo más recomendable es seguir este régimen hasta obtener los cambios que buscamos obtener en nuestro organismo y cuerpo. Sin embargo, no debemos olvidar que también para obtener estos resultados tenemos que hacer ejercicio constantemente.

Del mismo modo, no está totalmente prohibido que nos demos un placer (postre, pizza, hamburguesa, soda, etc.) de vez en cuando.

No podemos olvidar un complemento importante. Hacer algo de actividad física:

Para lograr el peso deseado (e incluso la resistencia física) es muy importante hacer ejercicio al menos 3 veces por semana, así los efectos del ayuno serán más notorios.

Si queremos hacer actividad física durante las 16 horas de ayuno, sólo podemos hacer lo siguiente:

- Agua
- Té
- Infusiones
- Café (sin azúcar)
- Caldo de verduras (preferiblemente desmenuzado)

Si está muy ansioso, puede calmar su ansiedad con un chicle sin azúcar.

Estas bebidas están bien siempre y cuando no contengan azúcar, edulcorantes, vegetales, leche o cualquier otra cosa que pueda contener calorías.

Por lo tanto, cuando se ayuna, no hay alimentos prohibidos o una lista de alimentos permitidos, pero la comida que se come después del ayuno significará mucho para obtener los resultados que se buscan. Para obtener los mejores resultados, se recomienda encarecidamente comer usando la dieta keto después del ayuno. Discutiremos cómo se relacionan estos dos métodos en el siguiente capítulo.

CAPÍTULO 10: AYUNO INTERMITENTE Y DIETA KETO

La dieta cetogénica, como hemos apreciado en capítulos anteriores, tiene un gran número de beneficios para el organismo. Es un método de alimentación muy popular hoy en día y en el que el propósito fundamental para el que se utiliza es perder peso.

Como ya sabemos con la dieta baja en carbohidratos, sin consumir azúcar procesada y otras condiciones que conlleven el plan de alimentación de la keto, se pueden alcanzar diferentes niveles de cetosis, que finalmente, para las personas que lo hacen de manera adecuada y disciplinada, es lo que esperan alcanzar.

A esto se añade el ayuno intermitente, que es un complemento de la dieta keto porque se ha demostrado que las personas que la aplican juntas alcanzan la cetosis más rápido.

Ahora bien, algunas personas han logrado confundir este plan con el hecho de pasar hambre, y de hecho no es recomendable que esto suceda, para alcanzar los niveles de cetosis no es necesario pasar hambre o consumir los ya conocidos "antojos de keto", lo fundamental es evitar los alimentos ricos en carbohidratos como los cereales, azúcares, legumbres, arroz, papas, dulces, por supuesto, jugos y la mayoría de las frutas.

La dieta cetogénica estándar es un plan de alimentación que se caracteriza por ser muy baja en carbohidratos, con una ingesta moderada de proteínas y alta en grasas. Normalmente contiene un 75% de grasa, 20% de proteína y sólo un 5% de carbohidratos. Como ya sabemos si se cumplen todos estos requisitos se pueden reducir los niveles de azúcar en la sangre y también los niveles de insulina, y de esta forma se producirá una transición en el metabolismo del cuerpo en la que los carbohidratos serán sustituidos como fuente de energía para el cuerpo por grasas y cetonas, alcanzando así el objetivo principal que es la "cetosis". Cuando los niveles de insulina disminuyen, se producen cetonas, y esto se puede notar en la segunda, tercera o cuarta semana. Este período se conoce como Keto-adaptación (KA). El cuerpo se vuelve dependiente del azúcar como principal combustible (glucógeno) para depender principalmente de la grasa y para ello hay que superar la fase de keto-adaptación.

Cuando finalmente cambiemos nuestro combustible principal vamos a tener un combustible ilimitado para la grasa al que las personas con otros tipos de dieta no tienen acceso, y, por otro lado, vamos a tener glucógeno como combustible secundario, Y así es como nuestro cuerpo debe funcionar realmente, porque somos capaces de almacenar 2000kcal de glucógeno, pero más de 1.000.000 kcal de grasa de forma segura para que podamos almacenar energía para nosotros mismos.

Para una persona que debe consumir 2000 kcal diarias se logra con la dieta keto de la siguiente manera:

70-80%, que equivalen a 1400-1600 kcal de grasa, 15-25%, que corresponden a 300-500 kcal de proteína, 5% de carbohidratos, que corresponden a aproximadamente 100 kcal. Más o menos, estaríamos hablando de 150-170 gramos de grasa por día, 75-125 gramos de proteína por día, y 25 gramos de carbohidratos por día aproximadamente.

Pero todas estas cantidades son fáciles de conseguir si comemos de forma natural, si conseguimos que nuestras comidas se basen principalmente en carne, pescado, especialmente pescado azul, huevo, queso, nata, todo tipo de verduras y esto abre una gran ventana de comida, setas, frutos secos, semillas, aceite de MCT, aceite de coco, aceite de oliva preferiblemente virgen extra, mantequilla o ghee, frutas como aguacate, coco, bayas, fresas, arándanos, moras,... Básicamente, comer alimentos no procesados y orgánicos procesados de preferencia natural, pero cada uno de nosotros podrá estructurar su plan de alimentación de la manera que considere más apropiada.

Dentro de la cetosis, tenemos el término conocido como "cetosis nutricional", que no es otra cosa que el consumo de alimentos que no dependen de la grasa o la proteína, para alcanzar el estado metabólico llamado cetosis, simplemente debemos eliminar completa y absolutamente el azúcar, el trigo y sus derivados y bajar a su mínima expresión los carbohidratos simples, y eliminar en su totalidad los carbohidratos complejos, que se conocen comúnmente como alimentos procesados, pan, pasta, hamburguesa, etc.

De esta manera lo que va a pasar es que en tu organismo se van a agotar las reservas de glucosa, y los cuerpos cetogénicos van a empezar a alimentarse, a buscar energías de esa grasa acumulada en tu cuerpo que tanto queremos eliminar y es ahí donde empiezas a sentir el estado cetogénico o cetosis. De hecho, un alto quemador de grasa de forma natural es el ayuno intermitente practicado de forma responsable y supervisada. Si se aplica correctamente, no es necesario el consumo de los quemadores artificiales que encontramos en los diferentes mercados nacionales e internacionales, por lo que sólo es cuestión de organización y disciplina, y comenzarás a experimentar todos los cambios en tu cuerpo y en tu salud. Una forma exacta de determinar si ya estás en cetosis es con un simple análisis de sangre, actualmente de la misma forma que existen en el mercado dispositivos que tienen la capacidad de medir los niveles de azúcar en la sangre, también existen varias marcas que pueden medir los niveles de cetonas en tu cuerpo, para que puedas adquirir cualquiera de ellas y así llevar un registro y saber cuándo has alcanzado el nivel óptimo de cetosis.

Sin embargo, cuando se deja de consumir azúcar y carbohidratos, se inicia principalmente un proceso de desintoxicación, ya que el cuerpo comienza a eliminar toda esa cantidad de antinutrientes que durante tanto tiempo se han permitido en el cuerpo y que también han dañado el entorno celular. Cuando este proceso de desintoxicación comienza, usted sufrirá una serie de síntomas desagradables conocidos como "síndrome de abstinencia", en este caso, usted comenzará a experimentar los siguientes síntomas:

- Dificultades para dormir.
- Apatía y desgana.
- Síntomas de depresión.
- Actitud irritable.
- Alteraciones del apetito.
- El letargo.
- Ansiedad.
- Sed.

Todos estos síntomas mencionados se deben a que tu cuerpo comienza a sufrir el "síndrome de abstinencia" porque has restringido tu cuerpo de carbohidratos y azúcares, pero antes de la aparición de estos síntomas tenemos algunas recomendaciones que puedes hacer cuando te sientas así:

- Bebe mucha agua,

- Se recomienda beber vinagre de manzana, preparado de la siguiente manera, diluir una cucharada de vinagre en 4 onzas de agua cada mañana en ayunas.
- Y la recomendación más importante es comer bien, no es necesario como se ha recomendado anteriormente para pasar hambre. Ya que una vez que esta etapa termine, todo será más fácil.

Lo importante es comer dentro de los requisitos permitidos, pero sin pasar hambre, de hecho, notará que una vez que su cuerpo finalmente se haya desintoxicado y limpiado, su cuerpo comienza a cambiar y comienza a aprender a escuchar a su cuerpo, y esto significa que cuando usted come un alimento que es dañino o altera su ambiente celular, le indicará con malestar que no debe comer ese alimento. Además, tendrás una mejor absorción de nutrientes porque tu sistema digestivo mejora, siendo uno de los beneficios más importantes de esta dieta ya que el intestino es considerado actualmente como el segundo cerebro.

Ahora bien, en cuanto al ayuno, ya conocemos todos los beneficios que conlleva su aplicación, y lo más importante es que es un potencial quemador de grasa para nuestro cuerpo, ayuda a reducir la celulitis, entre otros grandes beneficios que ya conocemos. Pero el ayuno significa no comer y el ayuno intermitente significa no comer por un período de tiempo. Puede ser diario, semanal o mensual, según se desee aplicarlo.

¿Qué romperá tu ayuno? La comida. El ayuno promoverá la autofagia o el proceso de reciclaje de los componentes celulares dañados, y los grandes beneficios del ayuno están directamente relacionados con la autofagia. Pero este proceso ocurre gradualmente y dependerá de nuestro organismo en particular. Dependerá de cada tejido, ya sean neuronas, hígado, músculo, sistema inmunológico, intestinos, y sí, de todo el cuerpo en general.

Hay estudios que relacionan el ejercicio, la dieta y el ayuno con la autofagia. Todo este proceso lleva tiempo; los cambios no van a ocurrir de la noche a la mañana. Primero, el cuerpo debe pasar por un proceso de adaptación.

En la autofagia, la célula necesita energía, y con la aplicación del ayuno y en ausencia de alimentos exógenos, comienza la destrucción del contenido interno dañado, y comienza la autofagia. En este caso, las células devorarán o consumirán partes de sí mismas para eliminar virus, bacterias y todos los daños causados por el envejecimiento celular y al mismo tiempo, obtener combustible para mejorar sus procesos.

Este proceso es fundamental para el organismo porque si no se lleva a cabo, dará lugar a procesos inflamatorios, enfermedades infecciosas, Alzheimer, Parkinson y cáncer. La autofagia lograda o estimulada a través del ayuno es una forma inteligente para que el organismo se desintoxique de forma natural ya que las propias células saben lo que necesitan y lo que no necesitan para su crecimiento y evolución. El ayuno intermitente elimina las toxinas, estimula el sistema inmunológico, regula la inflamación y promueve la longevidad.

Generalmente, el ayuno intermitente que se realiza es de 16-8, este método 16/8 se conoce como método "Leangains", con esta modalidad se consumirá comida durante 8 horas, y se ayunará durante 16 horas. Si se desea, se puede incluir dentro de las 16 horas de ayuno el período de sueño, para que sea más fácil y llevadero este período de ayuno intermitente. Si lo aplica de esta manera lo más común es alargar el desayuno al mediodía o lo que sería el almuerzo, y finalmente su segunda comida del día corresponde a la cena, en la noche antes de las 8 pm. Esta es una forma fácil de aplicar el ayuno intermitente diario acompañado de la dieta keto, y si puedes también si puedes añadir ejercicio, te encantarán los resultados finales.

Y es que el ayuno intermitente es más que una simple restricción de calorías, también produce alteraciones en las hormonas de nuestro cuerpo para que puedan aprovechar mejor sus reservas de grasa. Al bajar los niveles de insulina se produce una mejor quema de grasa. La secreción de la hormona de crecimiento aumenta y, por lo tanto, acelera la síntesis de proteínas y el uso de la grasa disponible como fuente de energía. Así que eso no es sólo quemar grasa, sino que también está construyendo masa muscular más rápidamente como si se consumiera como lo hacen los atletas. Qué maravillosa noticia, ¿no? todo lo que tu cuerpo es capaz de hacer de forma natural si te tomas el tiempo para comer adecuadamente.

Ahora, ¿cómo deberíamos romper con ese ayuno?, o ¿cómo tendremos un desayuno?, y es que una de las formas clásicas de romper el ayuno es con el famoso "caldo de huesos", preferiblemente casero, pero una hora antes de romper el ayuno se recomienda beber un vaso de agua con gas; puede ser con canela o vinagre de manzana, sal o limón, esta bebida le ayudará a preparar su estómago las enzimas digestivas que han estado sin alimentos durante 16 horas con sólo agua y café, si usted consume esta bebida es probable que la comida se pueda absorber sin problemas estomacales y absorber todos los nutrientes al máximo. Después de esto, podemos consumir el caldo de huesos, que es un alimento líquido que no forzará a nuestro estómago a trabajar con alimentos pesados, sino más bien de fácil digestión aparte de que el caldo de huesos es rico en grasas, proteínas y vitaminas. Y una hora después se puede comer un plato de comida sólida bajo los requerimientos de la dieta keto, que ya conocen ampliamente, esta es una forma de romper el ayuno de una manera adecuada para su cuerpo, y llegar rápidamente a la cetosis y la autofagia.

CAPÍTULO 11:
BENEFICIOS ESPECÍFICOS PARA SU SALUD

Cuando observamos el funcionamiento normal de los seres humanos, podemos ver que el cuerpo se alimenta de glucosa, que es la molécula que se genera por el consumo de carbohidratos y azúcares, pero un consumo excesivo de los mismos, podría causar daños a nuestra salud, como por ejemplo convertirse en diabéticos, que es una enfermedad que se produce cuando se produce glucosa en exceso, y el cuerpo no es capaz de utilizarlo, teniendo un exceso de glucosa en la sangre, por así decirlo, causando problemas en nuestros órganos, además, un consumo excesivo de carbohidratos puede generar sobrepeso, llevándonos, a la larga, a enfermedades muy graves, como podría ser, la diabetes mencionada anteriormente.

Por lo tanto, podría decirse que esta forma de comer no es la mejor para nuestro cuerpo, ya que el consumo de carbohidratos, ya sea en cantidad normal, los órganos de nuestro cuerpo no siempre interactúan bien con la glucosa, porque al tener altos niveles de ella en nuestro cuerpo, los niveles de insulina también se incrementan, y esto tiene implicaciones directas en el funcionamiento de nuestro cuerpo, de modo que podría incluso alterar nuestro metabolismo.

Por estas razones, logramos alcanzar el estado de cetosis, que es un estado de nuestro cuerpo, en el que, en un estado normal, se produce un gran consumo de grasa, segregando una molécula llamada cetona, siendo ésta la principal fuente de alimento para nuestro cuerpo, o, mejor dicho, es una fuente de energía extremadamente eficiente y buena para nuestro cuerpo, que puede producir efectos secundarios, no necesariamente malos.

Esta función es esencial para la supervivencia personal, ya que gracias a ella, las personas pueden tener una fuente alternativa de energía, ya que en el momento en que nos quedemos sin glucosa, el cuerpo procederá a consumir sus reservas de energía producidas por la cetona, por supuesto, esta reserva de energía no es infinita, ya que la misma puede durar unos pocos días, por lo tanto, este proceso es muy importante para continuar con la función cerebral de manera efectiva, porque el proceso de almacenamiento de la glucosa es muy ineficaz en nuestro cuerpo, por esa razón, preferimos hacer la alimentación cetogénica, porque nuestro cuerpo evolucionó para sobrevivir durante varios días, tal vez incluso semanas, siendo este un caso extremadamente extremo, porque la persona ya está entrenada para hacer esto, no cualquiera es capaz de hacer tal tarea. Por lo tanto, podríamos decir que el proceso de cetosis es responsable de asegurar que el cerebro se alimente adecuadamente, en caso de que no tenga suficiente glucosa para alimentarlo, y lo hace, como explicamos anteriormente, a través de los depósitos de grasa.

Podemos ver que las cetonas interactúan de una mejor manera con nuestros órganos, especialmente con nuestro cerebro, ya que, con esta combinación, los procesos de los mismos se pueden llevar a cabo de una manera más óptima. Y como debemos saber, o al menos intuirlo, el cerebro es el órgano que más energía consume, por lo tanto, para tener una buena relación cetónico-cerebro, podemos decir que nuestro cuerpo es capaz de trabajar mejor que con la glucosa, y no es que nuestro cerebro trabaje con la grasa, no, sino con las moléculas que segregan el hígado, producto de un alto consumo de grasa y un bajo consumo de carbohidratos, por lo tanto, el cerebro procede a trabajar con las cetonas, logrando así un consumo de energía más eficiente, Además, suponemos que ha sufrido episodios en su vida en los que se siente agotado, sin necesidad de haber hecho muchos ejercicios o muchas actividades, una posible razón de esta condición, es que su cuerpo está mal alimentado, porque su cuerpo no está generando mucha glucosa o no la está procesando bien, con esto queremos decir, a tener un alto nivel de glucosa en la sangre, los niveles de insulina se elevan, y la gente siente un cierto cansancio, un ejemplo palpable es que cuando se come un gran plato de pasta, inmediatamente después de sentirse cansado y con sueño, esto se debe a que los niveles de insulina son altos, produciendo un estado de pesadez en el cuerpo, pero en el caso de que se haga o se practique otro tipo de dieta, se sentirá más energía, además, hay personas que, con sólo la dieta cetogénica, han logrado ayunar durante largos períodos de tiempo, sin sentirse faltos de energía, teniendo así un mejor rendimiento de nuestro cuerpo, concluyendo que nuestro cerebro, al ver la oportunidad de alimentarse de las cetonas producidas por el consumo de grasa, se siente más energético, de hecho, hay personas que certifican que cuando cambiaron sus hábitos, empezaron a sentirse más energéticos, y por si esto no fuera suficiente, también se sintieron mejor enfocados mentalmente, por lo que no podemos decir que esta dieta no sólo es responsable de la pérdida de peso sino que beneficia físicamente a nuestro cuerpo.

Pero, vamos a ir paso a paso, por lo que explicaremos poco a poco los beneficios del consumo de una buena dieta cetogénica para nuestro cuerpo, que incluso puede mejorar el estado del corazón de nuestro cuerpo, por esta razón, le invitamos a migrar de la dieta alimenticia, por supuesto, si lo desea, ya que podrá observar de forma rápida la mejora de su salud.

Como ya sabemos, la dieta cetogénica tiene muchos beneficios para las personas que la consumen, pueden ir desde mejorar el estado cerebral de los pacientes, hasta mejorar los problemas respiratorios de las personas, por eso, no sólo son necesarios para perder peso sino también para algunas patologías que se puedan tener y se quieran resolver.

El primer beneficio que nos proporciona, es como bien se sabe, la disminución del peso, este resultado se obtiene gracias a que la dieta keto, se encarga de quemar la grasa y en este proceso de quema se entra en cetosis, llegando así a perder un gran número de kilos, obteniendo una mejor salud en las personas que sufren de obesidad. Al lograr el objetivo de salir del estado de obesidad, se pueden obtener los siguientes beneficios:

- Reduce la posibilidad de muerte, ya que la obesidad es la principal causa de muerte en los Estados Unidos.
- La posibilidad de sufrir enfermedades como cáncer, diabetes, ataques cardíacos, cálculos biliares.
- Muchas personas con sobrepeso sienten mucha depresión debido a la forma de su cuerpo, y cuando salen de ella, estas personas mejoran su salud mental, aumentando así su calidad de vida.
- Hay muchas personas que, debido a su sobrepeso, no duermen muy bien por diferentes razones, pero la razón principal es la apnea del sueño, que es una causa estrechamente relacionada con el sobrepeso, que puede provocar hipertensión arterial o incluso ataques cardíacos.

Como ya podemos ver, la reducción de nuestro peso corporal puede mejorar significativamente nuestra calidad de vida ya que el sobrepeso nos afecta en muchas áreas de la salud, y no sólo lo visual que también es importante, sino que puede afectarnos tanto que puede llevarnos a la muerte.

También podemos encontrar una relación directa entre la dieta cetogénica y la salud del corazón, porque como explicamos anteriormente, este tipo de alimentos, permite una rápida pérdida del índice de grasa corporal, por lo tanto, nos permite perder peso rápidamente, porque quema la grasa en forma exagerada por así decirlo, logrando así una reducción más que considerable de los riesgos cardiovasculares, porque tienen una estrecha relación con la obesidad, ya que si la persona es obesa, entonces tiene más posibilidades de tener una enfermedad cardíaca, unido a esto, ser obeso implica que tiene una presión sanguínea alta, lo que podría causar un ataque cardíaco, que puede ser fulminante o no. Por otro lado, reduce la cantidad de colesterol en nuestro cuerpo, lo que indica que tenemos una gran cantidad de grasa en la sangre, y tener tal condición también puede causar que algunas de nuestras arterias se bloqueen, lo que también puede llevar a un ataque al corazón. Por estos motivos, recomendamos hacer la dieta baja en carbohidratos, con el fin de lograr reducir estas patologías y limpiar nuestro cuerpo de las grasas que se encuentran en nuestra sangre, logrando así una mejor protección de nuestro sistema sanguíneo previniendo así este tipo de enfermedades, de lo contrario, también al practicar la dieta cetogénica, logramos una limpieza celular en nuestra sangre, arrojando toxinas nocivas a nuestro cuerpo, debido al proceso de aumento de la autofagia, que como dijimos anteriormente limpia nuestro cuerpo, y no hay nada mejor que tener el cuerpo limpio, porque teniendo nuestro cuerpo así, podemos empezar a verlo funcionar mejor o mejorar su funcionamiento limpiándonos internamente, ya que nuestro cuerpo funcionará como nuevo, sin ningún impedimento. Pero dicho todo esto, y explicado que esta dieta reduce el colesterol y todo lo anterior, usted puede preguntarse: ¿por qué hacer una dieta alta en grasas y baja en colesterol si se me prohibió el pollo frito, y esto no es más que proteína frita? Bueno, no es que todas las grasas sean buenas, por el contrario, no hay nada más dañino que algunos alimentos fritos, por esa razón no es una muy buena práctica comerlos, pero lo que sí es cierto, es que se pueden consumir muchas grasas, siempre y cuando sean grasas buenas de la naturaleza, como la grasa de aguacate, o la mantequilla de maní natural.

Por si fuera poco, la dieta cetogénica, no sólo ayuda al corazón, sino a una acumulación de otros órganos, otro muy importante, no sabría decir que el más importante del cuerpo, pero si el que más energía consume, como el cerebro, lo primero que podemos decir sobre la relación de la dieta cetogénica con el cerebro, es que en uno de los primeros casos en que se aplicó la dieta keto, fue en un paciente que sufría de epilepsia, lo que indica que el paciente sufría de convulsiones constantes, y al prescribir una dieta baja en carbohidratos, pero más alta en grasas, se pudo observar una mejora considerable. Entonces, podemos decir que se han hecho estudios en personas que sufren de epilepsia, y los resultados concluyen que esta dieta sí les ayuda, pero se recomienda con mayor frecuencia a los niños, ya que es más fácil orientar a un niño que va a comer o no, y además el cerebro del adulto ya está completamente formado. Los resultados son muy positivos, ya que al menos la mitad de los niños a los que se les aplicó la prueba, dejaron de sufrir ataques epilépticos, y otra cantidad, incluso más del cincuenta por ciento, ya que aquí también contamos a los que ya no sufrieron sus ataques epilépticos, pero los que tuvieron su frecuencia de ataques epilépticos se redujeron considerablemente, por lo tanto, no podemos ser cien por ciento concluyentes, diciendo que termina con la epilepsia o algo así, pero hay algo que podemos decir, y es que los resultados son esperanzadores para un futuro brillante, en el campo de la epilepsia. También se puede utilizar la misma dieta para los que sufren de Alzheimer, ya que es una enfermedad degenerativa, que hace que las personas vayan perdiendo poco a poco la memoria, hasta que llega el momento en que no pueden recordar casi nada, complicándose tanto la situación que puede llevar a la muerte de los pacientes con la enfermedad. Podemos decir que los resultados son positivos, es porque en primer lugar, los experimentos realizados en animales, fueron positivos, ya que a los ratones que tenían cierta degeneración cerebral, se les dio alimento cetogénico, y se pudo obtener, primero, que lograron regenerar partes de sus cerebros, y segundo, porque también se ha logrado que el alimento cetogénico logre mejorar las conexiones entre los axones y las dendritas, obteniendo así una mejor comunicación entre las neuronas, obteniendo un cerebro más capaz de realizar cualquier tipo de tareas.

Entonces, lo que podemos decir con esto, es que recomendamos que se alimente usted mismo con comida cetogénica, porque como pudo haber visto, no sólo nos ayuda a reducir nuestro peso, sino que podemos mejorar una gran acumulación de condiciones de salud, mejorando la vida de nuestro corazón, mejorando nuestro sistema respiratorio o incluso reactivando algunas conexiones cerebrales.

Es importante destacar el hecho de que los alimentos utilizados en la dieta keto, como el pescado y otros mariscos, tienen una gran cantidad de omega 3 y otros componentes que se ha demostrado científicamente que tienen efectos positivos en el funcionamiento del cerebro, el rendimiento y la memoria.

CAPÍTULO 12: SUEÑO, ESTRÉS Y MENTALIDAD

¿Alguna vez te has sentido tan estresado que no podías dormir? Muchas veces esas dificultades para dormir o el insomnio se producen naturalmente en respuesta a los niveles de estrés a los que podemos estar sometidos; de hecho, a veces, cuando tenemos problemas para dormir, pueden causar estrés.

Se sabe que nuestra mente tiene un inmenso poder cuando no está calmada, afecta directamente al cuerpo, y puede ser difícil para nosotros calmarnos en este tipo de situaciones.

Desde que somos jóvenes, hemos usado la palabra para decir que estamos estresados, pero ¿qué es realmente el estrés?

Podemos definir el estrés como el conjunto de reacciones fisiológicas que se nos presentan cuando sufrimos un estado de tensión nerviosa causado por diversas situaciones, ya sea ansiedad, exceso de trabajo, situaciones traumáticas a las que hemos estado expuestos.

De esta manera, el estrés está directamente asociado con la angustia emocional y la tensión corporal. Estas cuando aumentan sus niveles de excitación, que alertan al cuerpo para prepararse para enfrentar el posible peligro al que nos sometemos.

DIFERENTES TIPOS DE ESTRÉS

- Estrés común: Son las reacciones naturales que ocurren en nuestro organismo ante ciertas situaciones, que podemos definir como estresantes. Muchas veces estos tipos de estrés son ansiedades sobre algo a lo que vamos a estar sometidos, y esta reacción natural puede ayudarnos a superar tales situaciones.
- Estrés en el lugar de trabajo: Esto sucede cuando las demandas en nuestro ambiente de trabajo son tan grandes que nos hacen colapsar en reacciones

emocionales y físicas dañinas a las que nuestra capacidad de resolver un problema no es posible de resolver.

- **Estrés patológico:** Se produce cuando el estrés que tenemos se presenta de forma intensa durante un período prolongado, lo que podría causarnos problemas psicológicos y físicos, provocando crisis de ansiedad, crisis de llanto, depresión y muchas otras alteraciones físicas que lo convierten en un estrés crónico y constante.
- **Estrés postraumático:** Es el estrés que se produce después de que una persona ha vivido un evento que le ha afectado significativamente, ya sea un accidente de tráfico o un desastre natural. Como consecuencia de este trauma, la persona a menudo tiene pensamientos que causan terror. Este tipo de estrés se produce a cualquier edad, pero es sobre todo el resultado de experiencias de la infancia.

Muchas veces, la forma en que nos vemos en el mundo puede influir en estas reacciones del cuerpo (al igual que la mente puede traicionarnos y hacer que la situación parezca mucho peor, generando más ansiedad).

Por eso, si nos sentimos estresados o no, tiene una relación directa con la forma en que percibimos las cosas, por ejemplo, imaginemos que tenemos un caso muy común de la vida cotidiana que podría estar llevándonos a niveles muy altos de estrés:

En este caso, tenemos que pagar una factura de servicios domésticos de 100 dólares, y tenemos dos casos:

1. Una persona que tiene 1000 dólares en su cuenta y paga esa cuenta no afecta su presupuesto.
2. Una persona que tiene 60 dólares en su cuenta y paga esa cuenta le costaría un poco porque tendría que cobrar un poco más y dejar de lado cualquier problema extra que afecte a su presupuesto.

En estos casos, podríamos observar cómo una persona encontraría esta situación totalmente normal, mientras que otra persona podría generar una angustia muy grande y percibiría de manera más significativa el problema que se presenta porque su capacidad para evaluar los recursos y enfrentar el problema podría tener un gran impacto en su estado de ánimo.

Si vemos el estrés como una forma de tratar de equilibrar las demandas de la vida y los recursos que tenemos para afrontarlo, tenemos dos opciones:

1. Reducir las demandas que percibimos
2. Buscar formas de aumentar nuestros recursos disponibles.

Es importante destacar que no siempre los recursos se limitan a un valor monetario, nuestros recursos también podrían hacer referencia a cosas cognitivas como mejorar nuestro comportamiento, estilo de vida, una forma de pensar, habilidades para controlar nuestras emociones, tomar el control de alguna situación, tener fe e incluso aspectos físicos como mejorar nuestra resistencia y energía.

Si sentimos que nos enfrentamos a un episodio de estrés, debemos hacernos las siguientes preguntas para encontrar una posible solución inmediata; ¿cuál es el factor que genera el estrés? ¿Cuáles son los recursos que tengo para resolver este problema? ¿Cómo puedo aplicar estos recursos a la solución de mi problema?

Muchas veces nos centramos más en el problema sin tener en cuenta que tenemos la solución en nuestras manos. Por eso, antes de alterarnos, debemos pensar fríamente en el motivo de la situación, y así evitaremos un resultado peor.

EL ESTRÉS EN NUESTRO CUERPO

Nuestro cuerpo reacciona al estrés cuando se liberan las hormonas que lo causan; éstas hacen que nuestro cuerpo esté atento a cualquier problema que pueda ocurrir, esto hace que los músculos de nuestro cuerpo se tensen y por lo tanto aumenten progresivamente nuestro ritmo cardíaco.

Este tipo de reacción podría interpretarse como la forma en que nuestro cuerpo se protege de cualquier peligro que se aproxime y puede incluso ayudarnos a tomar decisiones rápidas en cualquier situación. El problema se produce cuando se produce un estrés crónico, porque nuestro cuerpo se mantendrá alerta ante cualquier evento, incluso si no estamos cerca del peligro, y a largo plazo, podría afectar significativamente a nuestra salud. El estrés crónico puede causarnos:

- Acné

- Problemas menstruales
- La presión arterial alta
- Insuficiencia cardíaca
- Depresión o ansiedad
- Obesidad

Además de afectar directamente a la salud, puede influir en nuestras actividades diarias, o en problemas físicos que no nos damos cuenta que son causados por el estrés. Estos pueden ser:

- Dolores de cabeza.
- Falta de energía o concentración.
- Diarrea.
- Estreñimiento.
- Pobre memoria.
- Problemas para dormir.
- Problemas sexuales.
- Malestar en el estómago.
- Necesidad de consumir alcohol para sentirse temporalmente distraído.
- Pérdida o aumento de peso

El sueño es uno de los recursos que ayudan a disminuir el estrés de manera considerable, nos ayuda a los procesos cognitivos como la buena memoria, la concentración y la atención, ayuda al buen funcionamiento psicológico y emocional ya que muchas veces cuando una persona no descansa lo suficiente se encuentra de mal humor y de esta manera expresa su mala actitud hacia el mundo.

Dormir adecuadamente nos ayuda a recargar la energía física, mejorar las lesiones e incluso el crecimiento.

El sueño está influenciado por el sistema de relojes del cuerpo y el controlador de los sueños. Estos son los responsables de determinar cuándo descansar y por cuánto tiempo debemos hacerlo o por cuánto tiempo nuestro cuerpo lo necesita.

Si tenemos el correcto funcionamiento de nuestro sistema, el encargado de promover el estado de sueño tendrá poder sobre nuestro sistema de alerta cada noche. A diferencia de si llegamos a tener un nivel de estrés muy alto cuando descansamos, nuestro sistema encargado de promover las alertas de nuestro cuerpo tendrá mayor poder sobre el sistema que promueve el sueño, causando insomnio o dificultades para conciliar el sueño.

Un consejo ideal para reducir los niveles de estrés que podemos presentar cuando nos acostamos a dormir:

Si te sientes demasiado ansioso para poder promover el sueño, puedes salir de la cama, beber un vaso de agua e intentar relajar tu mente.

Planea una hora de relajación antes de ir a la cama: Es importante que antes de acostarse, tengamos una hora para dedicarnos a bañarnos, estirarnos y hasta leer. Estos sencillos ejercicios pueden relajar nuestro cuerpo de cualquier problema que hayamos presentado en el día.

La cama es un lugar de descanso: Es importante evitar cualquier tipo de actividad que genere estrés (tareas, trabajo, peleas).

CONSEJO PARA SER CAPAZ DE BUSCAR SOLUCIONES FÁCILES A NUESTRAS PREOCUPACIONES

- Desarrollar rutinas y hábitos: Realizar actividades físicas e incluso comer una dieta saludable puede ayudar a nuestra mente a despejar e incluso mejorar el reloj de nuestro cuerpo.
- Cuidado personal: Es importante pasar tiempo haciendo cualquier tipo de actividad que nos ayude mentalmente y nos haga sentir bien. Muchas veces tratamos de resolver un problema sin sentirnos bien, y esto es muy importante porque nos afecta emocionalmente y no tendremos la energía para lidiar con otro problema.
- Conocer nuestras fortalezas personales: Es importante saber cómo nos vemos a nosotros mismos. De esta manera, nuestra capacidad de resolver problemas

podría aumentar significativamente cuando sabemos lo que somos capaces de enfrentar.

- Relajación: Es importante de vez en cuando tomar respiraciones de relajación para purificar nuestro cuerpo y conectarlo con la mente. Una mente limpia puede pensar más claramente a una mente abrumada.
- Conectar con los demás: Es importante recibir apoyo, y lo logramos rodeándonos de nuestros seres queridos, para saber que no estamos solos contra el mundo. Muchos estudios indican que rodearse de los seres queridos puede tener una gran influencia en nuestra salud física y psicológica.

CONSEJOS PARA DISMINUIR NUESTRAS PREOCUPACIONES:

Organización: Es importante dedicar al menos una hora al día para poder ocuparse de todo lo que nos pueda preocupar o pueda convertirse en una preocupación en el futuro. De esta manera, podremos obtener un mejor nivel de relajación por la noche. Es aconsejable anotar todo. De esta manera, no pasamos nada por alto, y así poco a poco vamos pensando en cómo resolverlos (ya sea un problema actual, algo que no ha sucedido o que imaginamos un posible escenario que no existirá).

Pensamiento: Nuestra mente es un arma poderosa y de ella puede depender nuestro estado mental e incluso lo que somos capaces de hacer, para poder hacerlo sólo tenemos que dejar de lado los pensamientos negativos y concentrarnos en los positivos.

Muchas veces nos involucramos en un escenario negativo creyendo que nunca saldremos de esa brecha, pero la realidad es que se puede, y todo depende de nosotros, dejemos las preocupaciones a un lado y lidiemos con ellas sin miedo a fracasar o al menos intentarlo.

Organizando nuestro tiempo: Es una forma muy efectiva de prevenir el estrés futuro. Organizar nuestras prioridades es lo más importante porque evitamos pasar algo por alto y estando siempre en orden podemos realizar nuestras tareas diarias mucho más rápido.

Comunicación: Comunicar nuestras preocupaciones o pedir ayuda nunca es demasiado. No sabemos si tenemos un problema, y otro sujeto tiene la solución (como dice la muy conocida frase: Dos cabezas piensan mejor que una). Cuando reducimos el número de demandas que tenemos, nuestros niveles de estrés disminuyen drásticamente.

Identificar y comunicar cómo nos sentimos: Otra forma eficaz de prevenir el estrés futuro puede ser identificar cómo nos sentimos en ese momento, si estamos pasando por un momento difícil, o si hemos tenido una discusión que nos pueda molestar. En estos casos, es aconsejable acudir a un especialista, a un amigo o escribir nuestros sentimientos en un papel.

En este punto, debemos preguntarnos: ¿Cómo se relaciona esto con la dieta Keto? Como hemos visto antes, es bien sabido que, para seguir una dieta, debemos adaptarnos a nosotros mismos y a nuestro cuerpo a ciertos hábitos a los que tal vez no estemos acostumbrados. Esto siempre será la clave cuando se trata de cualquier tipo de dieta porque si no tenemos la mentalidad adecuada, no lograremos adaptar nuestro cuerpo a ella.

Como seres humanos, siempre seguiremos un patrón que nunca ha fallado desde que éramos muy pequeños. Cada vez que descubrimos algo nuevo (en este caso la dieta keto), nos entusiasmamos y nos proponemos cumplir todos los objetivos necesarios para alcanzar la meta que nos hemos propuesto; con el tiempo notaremos los cambios que hemos obtenido como resultado del esfuerzo por cumplir ciertas reglas. El problema surge cuando hemos alcanzado este objetivo, y dejamos de obedecer estrictamente las reglas (que nos llevaron a este objetivo).

En el caso de la dieta del keto, tendremos que cumplir estrictamente con todos los pasos, ya que de esta manera nuestro cuerpo comenzará a hacer ciertos cambios y necesitará un período de adaptación para poder recibir estos cambios de una buena manera.

Muchas veces, las personas que intentan hacer esta dieta no ven los resultados prometedores que todo el mundo habla de hacer la dieta keto y entran en un estado de desesperación y estrés. Por qué sucede esto, es por la simple razón de que estas personas no empiezan con la mentalidad correcta, esto podría aplicarse a cualquier tipo de dieta o régimen de alimentación.

A través de los siguientes pasos, conseguiremos una buena motivación y orientación para mantener la mentalidad correcta a la hora de hacer esta dieta (o cualquier otra):

PASO 1: EMPIEZA CON LO QUE TIENES

Muchas veces cuando empiezas una dieta, te sientes motivado y empiezas a comprar comida basada en un plan de dieta al que tu cuerpo no se ha adaptado.

En la mayoría de los casos, cuando una persona comienza una dieta o un régimen estricto es para perder peso, por lo que se considera muy importante tomarlo con calma ya que no se pueden cambiar los hábitos drásticamente sin consecuencias.

El proceso de adaptación de nuestro cuerpo a los nuevos hábitos debe ser gradual, si empezamos con lo que tenemos, iremos disminuyendo poco a poco los alimentos que no nos convienen (como indica nuestro especialista en nutrición), y así nuestro cuerpo podrá asimilar estos cambios y liberar los viejos hábitos.

Si permitimos que nuestro cuerpo asimile estos cambios, podemos ver cómo los resultados se producen por sí mismos, como la pérdida de peso y la mejora de algunos aspectos de nuestra salud e incluso de los aspectos físicos. A diferencia de si forzamos a nuestro cuerpo a un cambio drástico, que puede traer consecuencias negativas como el aumento de peso o el desequilibrio hormonal.

Es importante recordar que los límites sólo pueden ser establecidos por nosotros mismos, y depende de cómo funcionen las cosas. Los cambios siempre son buenos siempre que los aceptemos de forma saludable para asegurar la base del éxito de nuestra dieta.

Así que si hago esto correctamente y empiezo con lo que tengo en casa para cambiar mi dieta, ¿tendré éxito con esta dieta?

Como mencionamos anteriormente, antes de comenzar una dieta, debes ir a un nutricionista, y desde aquí, vamos a entrar en una especie de experimento en el que podemos evaluar si este nuevo estilo de alimentación nos conviene o no.

¿Por qué un experimento? Podemos decir que nos sometemos a un experimento porque no sabremos si tendrá éxito y la dieta se adaptará a nosotros de manera efectiva o causará efectos negativos, este es un riesgo para el que debemos estar preparados, y comenzaremos con lo que tenemos para ganar confianza a medida que nos conozcamos mejor.

No importa el nivel de condición física que tengamos o nuestra rutina diaria de hábitos alimenticios, siempre y cuando nos sintamos dispuestos a hacer algo, será algo natural; no te esfuerces en comprar alimentos que pueden no ser de tu agrado. Conócete a ti mismo, y de esta manera, los otros pasos serán fáciles.

PASO 2: DISFRUTE DE SU COMIDA

Este paso está directamente relacionado con el paso 1 porque cuando empezamos con lo que tenemos en nuestra cocina, en cierto modo son los alimentos que nos gustan y disfrutan, si comemos saludablemente y al mismo tiempo nos sentimos cómodos con ello. Una dieta dejará de llamar a la dieta para convertirse en un hábito.

Muchas veces fracasamos porque tenemos el chip mental de que una dieta se basa en alimentos que no disfrutaremos y nos dejará morir de hambre, esto es falso, no podemos obligarnos a comer alimentos que no toleramos, aunque está claro que no todo será siempre de nuestro agrado, debemos tener un buen equilibrio y no inclinarnos sólo a los extremos.

No debemos alarmarnos por esto de los nuevos alimentos porque puede ser que a medida que nuestro sistema se adapte a nuestro nuevo hábito, nuestros gustos también cambien. Al principio, puede ser muy frustrante dejar de lado muchos de los alimentos a los que estábamos acostumbrados, pero en lugar de atarnos a un tormento inexistente, podemos ir equilibrando los alimentos que nos gustan y los que no para acostumbrar nuestro paladar.

Es importante que no veamos el cambio de alimentos como un castigo ya que, de esta manera, puede ser mucho más complicado adaptarse a una nueva dieta. Un cambio debe ser algo excitante, algo que nos intrigue; no debemos estar predispuestos a lo desconocido ya que la dieta del keto tiene muchas alternativas de alimentos que pueden estar de acuerdo con nosotros.

¿Cómo puedo facilitar el proceso de adaptación a nuevos alimentos saludables si me gusta comer de forma desequilibrada?

Primero debemos elegir el estilo de dieta keto que vamos a seguir de acuerdo con nuestros hábitos y la voluntad de respetarlos, seguido de esto adaptamos los alimentos según nuestros gustos.

¿QUÉ SUCEDE SI NO ME GUSTA NINGÚN ALIMENTO INCLUIDO EN LA DIETA Y NO PUEDO COMERLO?

No pasará nada en absoluto. Podemos buscar fácilmente un alimento alternativo para reemplazar el que no nos gusta. Con esto, no buscamos cambiar nuestras papilas gustativas, sino que buscamos un estilo de vida más saludable. Debemos permitirnos disfrutar del proceso y de los cambios, para que podamos aceptar los resultados (pérdida de peso, regulación hormonal, etc.) de una manera más positiva.

Me gustan mucho los dulces y la comida basura, ¿puede ser la dieta adecuada para mí?

Aquí surge el gran problema que puede sufrir el 50% de las personas que quieren iniciar la dieta keto y no se atreven, sabemos que aceptaremos un nuevo reto al que debemos hacer ciertos sacrificios, entre ellos está el de dejar de lado los dulces y reducirlos. Este podría considerarse el único sacrificio importante que podemos hacer cuando empecemos en keto.

Puede que nos cueste un poco más adaptarnos a este tipo de cambios, ya que no es algo que se logre de la noche a la mañana. Pero podemos asegurarnos de que, al cambiar nuestra mentalidad, podemos tener éxito en todo lo que nos propongamos hacer (incluso en la dieta keto).

PASO 3: PODEMOS HACERLO

Como ya se ha mencionado, es muy normal que nos motivemos al descubrir o iniciar una nueva dieta, y queremos llegar a los resultados que otras personas han obtenido a través de esta rutina.

Muchas veces estos testimonios vienen con una imagen de marketing para atraer a más personas o consumidores, por lo que veremos fotos que podríamos pensar y decir que son "perfectas" y que queremos llegar a ese punto, el objetivo es no rendirse.

Muchas veces las personas se desaniman y sienten que están fracasando porque han idealizado que obtendrán los mismos resultados que otras personas que han contado su experiencia con la dieta, no todos los cuerpos reaccionan de la misma manera, hay personas que pueden tardar un poco más y hay personas a las que los resultados se notarán al instante, pero la clave es la persistencia.

Una vez que nos hemos centrado en cómo la dieta debería funcionar a nuestra manera, podemos ver otra imagen. Muchas veces el camino hacia el objetivo puede ser complicado, pero lo importante es seguir insistiendo (de forma saludable), lo mejor que podemos hacer es contar nuestra propia versión de cómo tomamos la dieta para mantenernos con la duda de. ¿Cómo habría funcionado la dieta Keto para mí?

Este paso está directamente relacionado con la confianza ya que debemos ser capaces de entender que somos capaces de lograr cualquier cosa siempre y cuando seamos insistentes y sigamos las reglas correctamente. Si comenzamos un nuevo proyecto con la mentalidad de que tal vez no podamos lograrlo, estamos complicando el camino hacia el éxito.

Por eso debemos prepararnos mentalmente para lograr el éxito con el keto, puede parecer una tarea fácil, pero en muchos casos, puede ser complicada porque, como mencionamos antes, buscamos "resultados rápidos" sólo para él, hay un largo camino para lograrlo.

Una vez que hayamos pasado por esos tres pasos, deberíamos estar o acostumbrarnos a la dieta keto. Como mencionamos muchas veces en el capítulo anterior, esta dieta tiene muchos beneficios en cuanto al cerebro, la salud y los órganos del cuerpo. Este nuevo hábito nos ayudará a sentirnos un poco menos estresados porque nuestro cuerpo funcionará mejor. Tendremos más confianza en nosotros mismos. Por lo tanto, podremos enfrentarnos a los problemas con facilidad. A medida que el estrés se reduzca y nuestro cuerpo esté en perfecto equilibrio, el sueño también mejorará, ya que ninguna enfermedad o dolor o debilidad interrumpirá nuestro sueño.

CAPÍTULO 13: ESTILO DE VIDA Y RUTINA DIARIA

Cuando hablamos de la dieta cetogénica, queremos más que una dieta para ser implementada como una disciplina y como un estilo de vida, ya que en el caso de la dieta cetogénica, los cambios a largo plazo son los que tienen un impacto importante en nuestra salud.

Cuando aplicamos este método de alimentación a nuestro estilo de vida mientras comenzamos con la transición metabólica y el proceso de desintoxicación donde el cuerpo buscará eliminar todos los antinutrientes que hemos ingerido, debemos mantener constantemente esta disciplina para que finalmente podamos limpiar nuestro ambiente celular y cuando este ambiente celular se limpie y se cure es muy importante mantener este plan de alimentación porque en el momento en que volvemos a consumir antinutrientes volvemos a dañar nuestro sistema digestivo y por lo tanto nuestro ambiente celular.

Por eso es aconsejable no verlo de manera circunstancial sino como un estilo de vida en el que estamos aprendiendo poco a poco a alimentarnos. Conoceremos nuestro cuerpo y nos daremos cuenta de que nuestro propio cuerpo nos indicará qué alimentos nos hacen daño o cuáles toleramos más y cuáles no.

Si planificamos este estilo de vida con una rutina que aplicamos diariamente, se puede hacer más fácil de aplicar, podemos planificar nuestros menús, y una vez que adquirimos experiencia es más fácil para nosotros programar el plan alimenticio diario, dependiendo de la disposición de tiempo que se tenga, de cómo se quiera hacer la dieta cetogénica si se quiere tomar junto con ayuno y ejercicio intermitente, como de hecho se recomienda comúnmente para alcanzar niveles más rápidos de cetosis y mantener estos altos niveles de energía en nuestro cuerpo.

Aunque mucha gente ahora piensa que la grasa es dañina para la salud, sucede que con este estilo de vida y la ingesta de grasa podemos desactivar la hormona de almacenamiento de grasa y así reprogramar nuestros genes para perder peso y quemar grasa, vas a notar como los antojos y el deseo de comer se reducen porque te sientes constantemente saciado, por lo que no sólo vas a perder los kilos que deseas, sino también, como hemos mencionado varias veces, a mejorar tu salud y es que este debe ser tu principal objetivo y el que te empuja a tomar esta dieta keto como un estilo de vida.

El ingrediente más importante de cualquier plan de comidas, como dice la palabra, es la planificación, porque si planificamos, no vamos a caer en la tentación de tomar malas decisiones que al final pueden ser poco saludables. Por eso una de las recomendaciones que queremos hacer es que los fines de semana te tomes un tiempo para hacer tu planificación semanal, tu menú semanal, que probablemente puedas modificar durante la semana, pero para tener un plan más ordenado puedes evaluar lo que vas a consumir en base a la meta que quieras alcanzar.

Empieza por organizar las cenas, que siempre resulta ser lo más difícil de planificar, gestiona, por ejemplo, dos o tres tipos de verduras, con una fuente de proteínas complementada siempre con grasas saludables. Si puedes, añade una rica y nutritiva ensalada de verduras, así estarás armando opciones del menú para tu semana, en el caso de que tu vida diaria lo permita.

Lo mismo ocurre con los desayunos, se pueden organizar de forma planificada, incluso se pueden repetir sin ningún problema en varias oportunidades o añadirles otros contornos, suponiendo que se hagan los desayunos, porque en la mayoría de los casos la dieta cetogénica se combina con el conocido ayuno intermitente y si está ahí, el desayuno se suprime en la mayoría de los casos.

Como puede notar todo es cuestión de orden y planificación para hacer de este plan de alimentación un estilo de vida, porque sólo así podrá obtener resultados por más tiempo, y notará que a medida que pasen los días en que se sienta con energía, animado y con muy buena salud no querrá dejar este estilo de vida y su cuerpo se lo agradecerá.

CAPÍTULO 14: RECETAS DE KETO PARA UN BUEN AYUNO

Ya sabemos los beneficios que el ayuno intermitente trae a nuestra salud. Sabemos que ayuda a lidiar con el estrés y la fatiga, retrasa los signos de envejecimiento, ayuda en el proceso de regulación hormonal, previene enfermedades, mejora el metabolismo de las grasas, controla el apetito y logra un mayor tiempo de autofagia o lo que también se conoce como autorregulación celular.

El ayuno ayuda a controlar el apetito, por lo que cuando aplicamos el ayuno intermitente, es muy fácil llevar a cabo una dieta cetogénica.

Lo más importante del ayuno intermitente es que debemos comer para romperlo y lo primero es considerar que como tenemos tantas horas sin comer no es recomendable que nuestra primera comida sea muy pesada, sino que se recomienda romper el ayuno con una dieta líquida, y nada es mejor que hacerlo con un caldo de huesos.

CALDO DE HUESO

Ingredientes:
- 1 kg de huesos de carne roja alimentados con hierba.
- Cilantro, cebolla.
- 6 dientes de ajo.
- Sal al gusto (preferentemente sal del Himalaya.)
- Vinagre de manzana.
- Agua

Pasos a seguir:
1. En una olla grande colocar los huesos y suficiente agua dejando unos 4 o 5 centímetros en la parte superior de la olla y añadir el cilantro a gusto y la mitad de la cebolla picada, sólo para probar la ebullición. También, agregue 2 cucharadas de vinagre.

2. Déjelo descansar sin encender el fuego durante unos 20 o 30 minutos, ya que el ácido del vinagre ayuda a que los nutrientes de los huesos estén más disponibles.
3. Añade suficiente sal al gusto y deja que se cocine durante unas dos horas cubierto, a fuego lento, y estamos alerta para no secar nuestro caldo.
4. Es importante revisar el caldo y quitar la espuma que se forma encima.
5. En los 30 minutos restantes, agregue más cilantro y revuelva.

MEDALLONES DE SOLOMILLO DE TERNERA CON COCO

La fusión del coco con la carne es una excelente mezcla. Esta es una receta muy recomendada. El coco, a su vez, es un importante aliado en la dieta cetogénica y en el ayuno intermitente.

Ingredientes:
- 1 kg de lomo de vaca, preferiblemente de animales alimentados con pasto.
- 3 cucharadas de aceite de coco.
- 2 dientes de ajo.
- 1 pimiento dulce
- Una cebolla grande.
- 500 ml de leche de coco.
- 2 cucharadas de tomillo molido.
- Consomé de pollo.
- Pimienta al gusto.
- Sal marina.

Pasos a seguir:
1. Empecemos a condimentar el solomillo de ternera con el consomé, un poco de sal y pimienta, añada al gusto, y luego déjelo reposar durante un período de dos horas en la nevera.

2. Luego, en una olla grande a fuego medio, añadimos el aceite de coco, y se fríe el ajo entero, y cuando el ajo esté dorado, lo sacamos, así que sazonamos el aceite.
3. Ahora añade el solomillo de ternera y sella por ambos lados. Este proceso puede tomar unos 5 minutos.
4. Luego cortaremos la cebolla en trozos finos junto con el pimentón y agregaremos el tomillo y revolveremos varias veces para que los sabores se peguen.
5. Añade la leche de coco, la sal y la tapa. Deje que hierva durante 30 o 40 minutos o hasta que el lomo se sienta cocido y suave.
6. La salsa se espesará y tomará un tono dorado; este plato debe ser servido caliente.

Este plato se puede servir con arroz de coliflor o con ensaladas.

PASTEL DE COLIFLOR

Ingredientes:
- 2 tazas de coliflor
- 400 gramos de carne molida.
- 4-5 rebanadas de queso mozzarella.
- ½ cebolla
- Sal marina al gusto.
- ½ taza de crema batida.

Pasos a seguir:
1. Primero, lavamos muy bien la coliflor. Añadiremos en una olla suficiente agua para hervir, añadiremos la coliflor durante unos minutos hasta que se cocine, no se recomienda cocinar para las verduras largas, la idea es cocinarla al dente. Cuando esté lista, la sumergimos en agua helada durante unos minutos para cortar la cocción. Luego lo colamos y lo reservamos.

2. En una sartén, vamos a freír la cebolla y la carne molida; añadimos sal al gusto, pimienta si queremos.
3. En la licuadora, vierta la crema batida, la sal y añada la coliflor poco a poco.
4. De esta manera, obtendrás una especie de puré de papas cuando termines de mezclar toda la coliflor.
5. En un molde de lasaña, vamos a distribuir la carne molida que preparamos previamente. Vamos a repartirla uniformemente por toda la bandeja.
6. Encima de esta capa, vamos a añadir la crema que hicimos con la coliflor y, finalmente, una capa con las rodajas de queso mozzarella. Vamos a colocar todo de manera uniforme.
7. Finalmente, lo llevamos al horno durante 15 minutos hasta que el queso se derrita.

Cuando practicamos el ayuno intermitente, una de las ventajas que adquirimos con el tiempo y la disciplina es que no tenemos apetito porque nuestro cuerpo adquiere mucha energía. Y vamos a sentir eso. Por eso la comida que complementa el ayuno es simple pero suficiente para que te sientas satisfecho. Lo aconsejable es siempre elegir productos naturales, y de buena calidad, además de valorar los aportes nutricionales, tiene la verdura que vas a consumir, por ejemplo. Al principio, probablemente sea un poco tedioso, pero a medida que se adquiere experiencia y conocimientos, se hace más fácil organizar los planes de alimentación porque uno de los objetivos que queremos alcanzar es mejorar la salud de nuestro cuerpo.

CAPÍTULO 15: RECETAS PARA EL DESAYUNO Y LOS BOCADILLOS

En un mundo tan dinámico, y tan rápido como el actual, no podemos andar por ahí sin desayunar, o tener hambre por ahí, a menos que estemos haciendo algún ayuno o algo así, como estar en una dieta ya preparada, pero en el caso de que no se esté ayunando, no se puede andar en el día sin desayunar, y mucho menos con hambre, por eso, recomendamos, siempre que se pueda, desayunar, ya que esta es una de las comidas más importantes del día, y ¿por qué no? A veces se come un bocadillo a media mañana o por la tarde.

DESAYUNO

En este libro, compartiremos dos recetas para tener un buen desayuno, que puede alimentarte adecuadamente, los otros desayunos que quieras comer, los vas a crear, ya que uno de los beneficios de la dieta cetogénica, es que las recetas son extremadamente simples.

KETO OMELET

Esta es una receta extremadamente simple y rápida de hacer, muchas de las personas que han preparado tal receta, dicen que es mejor que la clásica tortilla que se sirve en los restaurantes, porque es esponjosa y muy rica, nos permite tener una variedad de ingredientes en nuestra tortilla, sin necesidad de gastar tanto dinero, porque podemos añadir queso, jamón, pimentón y cebolla a nuestra tortilla, y es perfecto para las personas que tienen una vida muy apurada, ya que no sólo nos da una buena cantidad de energía para hacer todas nuestras actividades, sino que también nos permite no perder mucho tiempo en la cocina.

Ahora, los ingredientes de la tortilla que vamos a recomendar son los siguientes:

- Seis huevos.
- Dos cucharadas de crema agria, o también puede ser crema batida, al gusto del consumidor.
- Sal al gusto.
- Pimienta al gusto.
- Tres onzas de queso rallado, no importa el tipo de queso, puede ser ahumado, gouda, lo importante es que contiene grasa.
- Dos onzas de mantequilla.
- Cinco onzas de jamón ahumado cortado en cuadrados.
- Media cebolla mediana, cortada en cuadrados muy pequeños.
- Medio pimiento verde, que debe ser cortado en tiras muy finas.

Cabe señalar que se puede añadir el ingrediente que se desee, además de las proporciones que se suministraron aquí, son una estimación, se puede añadir más o menos.

Después de tener los ingredientes listos, podemos proceder a la preparación de nuestra receta, en los siguientes pasos:

- Vierte los seis huevos y la crema en un bol, y luego mezcla hasta que tengas una mezcla homogénea y cremosa.
- Añade sal y pimienta.
- Añade la mitad del queso rallado, después de esto, procede a batir bien la mezcla de nuevo.
- Luego, en una sartén, derretir la mantequilla a fuego medio, es importante que sea a este calor para que la mantequilla no se queme.
- Vierta el jamón en la sartén cuando la mantequilla esté derretida, y proceda a freír el jamón, el pimentón y las cebollas por un tiempo, o hasta que las cebollas estén doradas.
- Vierte la mezcla de huevos y crema en la sartén donde estaban el jamón y la cebolla, y luego fríe hasta que la tortilla esté cocida.
- Reduzca el calor por un rato, y vierta el resto del queso rallado sobre la tortilla, esperando que se derrita.

- Dóblalo.
- Sácalo de la sartén y córtalo por la mitad.

Como pueden ver, la receta es extremadamente simple. La misma no consume mucho tiempo, menos de diez minutos seguro, por lo tanto, esta receta es muy productiva para las personas que tienen una vida muy rápida, logrando así un desayuno saludable y completo en menos de diez minutos.

HUEVOS REVUELTOS CON QUESO FETA

Se trata de una receta extremadamente simple, que permite a las personas que no tienen mucha experiencia en la cocina, comer muy sano, muy nutritivo y muy rico en poco tiempo, ya que el tiempo que debería llevarle hacer esta receta es de unos diez o quince minutos. Además, se pueden añadir huevos revueltos a cualquier tipo de ingredientes que se desee, como tocino, jamón o incluso espinacas. Los ingredientes de nuestra receta son los siguientes:

- Cuatro huevos.
- Dos buenas cucharadas de crema batida, espesa.
- Dos cucharadas de mantequilla.
- Cuatro onzas de espinacas.
- Un diente de ajo finamente picado.
- Un cuarto de queso feta rallado.
- Sal al gusto.
- Pimienta al gusto.
- Cuatro onzas de tocino.

Después de que tengamos todos los ingredientes listos, podemos proceder a empezar con la preparación.

1. En un bol, bata los huevos y la crema hasta que estén homogéneos y bien cremosos.
2. Cocina el tocino hasta que esté bien cocido.
3. En una sartén, derretir la mantequilla a fuego medio.

4. Después de que la mantequilla se haya derretido, procede a añadir los otros ingredientes, como las espinacas y el ajo, espera hasta que las espinacas estén cocidas, notarás si las espinacas están marchitas.
5. Añade el tocino a la sartén, y añade sal y pimienta al gusto.
6. Verter sobre la sartén la mezcla que contiene los huevos, luego esperar a que los bordes de la sartén empiecen a burbujear, en este momento, con la ayuda de una cuchara, revolver de afuera hacia adentro, repitiendo el proceso hasta que estén cocidos.
7. Quita los huevos revueltos de la sartén, y añade el queso feta, en esta parte, también puedes añadir un poco más de tocino si lo deseas.

Como puedes ver, esta receta es extremadamente simple, así que puedes hacerla muchas veces, puedes cambiarla y tomar diferentes desayunos durante toda la semana, sólo tienes que fingir que eres el chef.

SNACKS

Estos alimentos son importantes cuando ya has comido, pero te da un poco de hambre, por eso, la gente recurre a las meriendas, pero en el caso de los que no tienen una dieta cetogénica, pueden ir a algunos Cheetos o Doritos, pero en nuestro caso, que estamos con otro tipo de alimentos, tendremos nuestras meriendas nutritivas.

PATATAS FRITAS DE QUESO

Esta receta es extremadamente simple, y no necesitas muchos ingredientes para hacerla ya que todo lo que necesitas es queso y pimentón.

Los ingredientes son exactamente los siguientes:

- Ocho onzas de queso, ya sea amarillo, gouda, cheddar, provolone.
- Media cucharada de pimentón.

Como podemos ver, los ingredientes son más que básicos, para tener nuestro fantástico aperitivo. La preparación es la siguiente.

1. Precaliente el horno a 400°F.
2. Rallar el queso de su preferencia, y colocarlo en pequeñas pilas en una bandeja para ponerlo en el horno, es importante decir que la bandeja debe ser forrada con papel pergamino. Es importante dejar suficiente espacio para que cuando se derritan, las pilas de queso no se toquen.
3. Espolvorea el pimentón sobre el queso rallado.
4. Hornea de diez a ocho minutos hasta que veas que el queso está listo, no dejes que el queso se queme.
5. Deje que se enfríen y sirvan.

Como puedes ver, este bocadillo es extremadamente simple, y no necesitas muchos ingredientes, así como la gran mayoría de los bocadillos de la dieta cetogénica. Por lo tanto, no les decimos más y vamos a la cocina para ver lo deliciosa que es esta receta.

CAPÍTULO 16: RECETAS PARA EL ALMUERZO Y LA CENA

Estos otros alimentos siguen siendo vitales para nuestro organismo, hasta el punto de que consideramos que tienen la misma importancia que el desayuno.

ALMUERZOS

Después del desayuno, entre las doce del mediodía (12:00 pm) y la una (1:00 pm), procedemos a comer esta comida, para que nos siga dando energía para el resto del día.

KETO TACOS

Esta receta es muy simple ya que estamos supliendo los carbohidratos de la galleta de los tacos, con el queso, lo cual es una idea asombrosa y simple de hacer.

Los ingredientes son los siguientes:
- Dos tazas de queso cheddar, gouda, parmesano rallado.
- Una cucharada de aceite de oliva extra virgen.
- Una cebolla picada en pequeños cuadrados.
- Tres dientes de ajo finamente picados.
- Una libra de carne molida.
- Media cucharada de comino molido.
- Media cucharada de pimentón.
- Sal al gusto.
- Pimienta negra al gusto.
- Crema agria.
- Aguacates, cortados en pequeños cuadrados.
- Cilantro fresco.
- Tomates recién cortados, en pequeños cuadrados.

Los siguientes pasos son los siguientes:

1. Precaliente el horno a 400°F, y forre la bandeja de hornear con el papel pergamino.
2. Sirva el queso en la bandeja como montones, y asegúrese de que tienen cierta distancia para que cuando se derrita, los montones de queso no se peguen.
3. Hornea hasta que el queso burbujee y comience a dorarse.
4. Deja que se enfríe durante unos seis minutos.
5. Luego engrasa un molde de panecillos, y pon el queso derretido sobre los agujeros de los panecillos en el fondo. Intenta darle al queso la forma del molde.
6. En una cacerola a fuego medio, derretir la mantequilla y añadir las cebollas, revolviendo hasta que estén doradas y tiernas, y luego añadir el ajo.
7. Vierta la carne molida sobre la sartén con la cebolla y el ajo, con la ayuda de una cuchara de madera, revuelva la carne para cocinarla, estará lista cuando ya no esté rosada. Proceda a retirar el exceso de grasa.
8. Espolvorea el pimentón, el comino, la pimienta roja, la sal y la pimienta sobre la carne.
9. En las cestas de queso que ya has cocinado, vierte la carne, rellenándola con carne, aguacate, tomate y crema agria.

HAMBURGUESAS BOMBA

Esta es una receta muy simple, que le permitirá saborear la deliciosa carne, sin necesidad de dejar la dieta.

Los ingredientes son los siguientes:

- Mantequilla o spray de cocina. Para añadirlo al molde de la magdalena.
- Una libra de carne molida.
- Media cucharada de polvo de ajo, si quieres, puedes añadir más.
- Sal al gusto.
- Pimienta al gusto.
- Dos cucharadas de mantequilla, divididas en veinte trozos.
- Ocho onzas de queso cheddar, divididas en veinte trozos.

- Deja la lechuga bien lavada.
- Tomates en rodajas finas.
- Mostaza.

El proceso de preparación es muy simple:

1. Precaliente el horno a unos 400°F.
2. El molde del panecillo, puedes añadir el spray de cocina, o la mantequilla, para que lo que vamos a poner ahí no se atasque.
3. Sazonar la carne con el polvo de ajo, sal y pimienta.
4. Toma una cucharada de carne, y ponla en los moldes de los panecillos, luego presiónala en el fondo. Luego coloque un pedazo de mantequilla en la parte superior, y presione de nuevo, con el fin de cubrir completamente el fondo.
5. Coloca un trozo de queso encima de la carne y la mantequilla, en cada taza de panecillo, obviamente, y luego presiona el queso, para que quede completamente cubierto por la carne.
6. Hornea hasta que la carne esté bien cocida.
7. Retire la carne de cada taza de panecillo, hágalo con cuidado, se recomienda usar una espátula.
8. Sirve la carne con la lechuga, el tomate y la mostaza.

Como habrán visto, estas recetas para un almuerzo saludable son muy sencillas y rápidas de hacer, no se necesita ser un chef para poder cocinar esto, así que no se necesita tanto conocimiento para poder hacer nuestros almuerzos.

CENAS

Esta es la última comida de nuestro día, por lo que adquiere una importancia fundamental, y por eso es importante hacer una buena cena.

ENSALADA KETO DE BRÓCOLI

Esta es una receta muy simple, que le permitirá tener una dieta que le proporcionará una buena nutrición y le ayudará a continuar con su proceso de cetosis.

Los ingredientes son los siguientes:
- Sal al gusto.
- Tres brócolis, cortados en pequeños trozos.
- Media taza de queso cheddar amarillo rallado.
- Un cuarto de cebolla, cortada en rodajas muy finas.
- Un cuarto de taza de almendras tostadas en rodajas.
- Tres lonchas de tocino, bien cocidas y tostadas, que puedes colocar como quieras en tu ensalada, ya sea rallado o picado.
- Dos cucharadas de cebollino, fresco y recién picado.
- Dos tercios de una taza de mayonesa.
- Tres cucharadas de vinagre de sidra.
- Una cucharada de mostaza de Dijon.
- Pimienta negra recién molida.

Los pasos para cocinar nuestra ensalada de brócoli son los siguientes:
1. Hervir una cantidad considerable de agua en una olla, unas seis tazas de agua.
2. Prepara un gran tazón de agua helada.
3. Vierta el brócoli sobre la olla de agua hirviendo, cocínelo hasta que esté tierno; esto puede tomar un intervalo de uno o dos minutos.
4. Remueva y coloque en un tazón de agua helada hasta que se enfríe.
5. Escurra las flores de brócoli con un colador.
6. En otro recipiente, coloque la mayonesa, el vinagre, la mostaza, la pimienta y la sal, y bata todo para combinar los ingredientes del aderezo, debe lograr una mezcla homogénea.
7. En el recipiente donde va a servir la ensalada, vierta el brócoli, el queso cheddar rallado, la cebolla, las almendras tostadas y el tocino, revuelva y luego vierta sobre ellos el aderezo, mezcle hasta que todos los ingredientes estén cubiertos por el aderezo.
8. Refrigerar hasta que esté listo para servir.

Como pueden ver, la receta no tiene mayores complicaciones y se puede hacer en menos de una hora, no se necesitan tantos conocimientos para hacer la ensalada, y nos están alimentando muy bien.

POLLO CON TOCINO, QUESO Y ADEREZO RANCHERO

Esta receta es muy simple, y muy sabrosa, porque ¿a quién no le gusta el pollo, o el tocino, o el queso fundido? Bueno, esta receta une las tres cosas, una combinación perfecta y llena de sabor.

Los ingredientes son los siguientes:
- Cuatro rebanadas de tocino grueso, un poco ancho.
- Cuatro pechugas de pollo deshuesadas. Es importante que no tengas piel ni nada, también podrías usar pollo a la milanesa.
- Sal al gusto.
- Pimienta al gusto.
- Dos cucharadas de condimento ranchero.
- Una taza y media de queso mozzarella rallado, también se puede comer con queso cheddar, para dar un toque más "americano".
- Cebollino picado.

Como se puede ver en los ingredientes, no se pide nada del otro mundo; incluso podríamos decir que es lo habitual. Por lo tanto, la preparación de esta receta no sale muy cara, y, además, no consume mucho tiempo, como verán a continuación:

1. En una sartén a fuego medio, proceder a cocinar el tocino, dejándolo freír en su propia grasa y dejándolo crujiente, dándole la vuelta de vez en cuando. Esto puede durar unos ocho minutos. Es mejor hacer todo esto en una sartén grande.
2. Después de que el tocino esté cocido, sáquelo a un plato y escurra la grasa restante de cada tocino, recomendamos forrarlo con papel de cocina.
3. Escurrir un poco la sartén, tirando un poco de la grasa que el tocino ha tirado, pero no la tiraremos toda, sino que dejaremos dos o tres cucharadas de aceite de tocino.

4. Sazona el pollo con sal y pimienta al gusto.
5. Devuelva la sartén a fuego medio, un poco más alto ahora, y proceda a poner los trozos de pollo, cocine hasta que el pollo esté dorado y listo, para que no esté crudo, esto puede llevar unos seis minutos.
6. Baja el fuego de tu sartén, y luego añade el polvo o el aderezo ranchero al pollo, y finalmente, cúbrelo con mozzarella o queso cheddar.
7. Cubre la sartén con su tapa, y espera a que el queso se derrita y empiecen a salir burbujas de él.
8. Picar el tocino en trozos pequeños, y proceder a verterlo sobre el queso, hacer lo mismo con la cebolleta.

Como pueden ver, esta receta es extremadamente simple y muy sabrosa, al igual que la mayoría de las recetas que tienen una base alimenticia cetogénica. Por lo tanto, sólo tenemos que decirles que sigan practicando y hagan muchas más recetas para ver que tener esta forma de comer no es aburrido, sino todo lo contrario.

CAPÍTULO 17: BEBIDAS Y POSTRES

Un aspecto positivo de la dieta keto es el hecho de que podemos seguir comiendo deliciosamente sin tantas limitaciones como nuestro cuerpo entre en cetosis, antojos o esa sensación de ansiedad desaparecerá.

Sin embargo, es común que tengamos un antojo de vez en cuando y mucho más si antes de cambiar nuestros hábitos alimenticios teníamos el hábito de comer dulces en grandes cantidades, los postres de keto serán nuestra salvación y podremos disfrutar de una buena merienda que satisfaga nuestros antojos sin pasarse de la raya.

Siempre se ha creído que la alimentación saludable es un cambio drástico y limitante en nuestras vidas, e incluso tiene la creencia de que un bocadillo tiene que ser una fruta; si observamos este caso, la mayoría de estas frutas no favorecen la dieta keto, por lo que debemos buscar otras alternativas saludables que nos puedan ayudar.

A continuación, les mostraremos diferentes tipos de postres que podemos hacer en la dieta keto:

Las recetas de Keto que no necesitan ser cocinadas en el horno

BOMBAS DE GRASA DE PELUSA DE MANTEQUILLA DE MANÍ

Se sabe que la mantequilla de cacahuete es una delicia si añadimos el chocolate es una bomba de explosión de sabores.

Ingredientes:

- 1 taza de crema batida
- 3 cucharadas de mantequilla de maní natural
- 100 gramos de queso crema
- 1 cucharada de vainilla
- 50 gramos de chocolate sin endulzar (preferiblemente chocolate negro)

Modo de preparación:

1. En un tazón, agregue la crema batida y revuelva hasta que duplique su tamaño.
2. En un tazón separado, mezclar el queso crema con la mantequilla de maní natural, el chocolate y la vainilla; y mezclar hasta que parezca una pelusa suave y cremosa.
3. Luego vamos a unir todos los ingredientes en el mismo tazón, y vamos a mezclar lentamente hasta que se integren correctamente y sean suaves.
4. Además, podemos añadir chocolate rallado para decorar.

La mejor parte es que esta receta sólo toma:

- Hidratos de carbono netos: 2 g
- Calorías: 140 g
- Grasa: 14 g
- Proteínas: 3 g

TARTA DE QUESO KETO

Ingredientes:

- 120 g. de queso crema
- ¼ taza de edulcorante
- ¼ taza de crema batida espesa
- 2 cucharadas de crema agria
- 60 gramos de chocolate pastelero sin azucarar
- ½ taza de crema batida

Preparación:

1. Con la ayuda de una batidora, mezcla el queso crema, la crema agria, la crema batida y el edulcorante.
2. Llena un molde de magdalenas con la mezcla.
3. Tomamos el refrigerador por 3 horas o el congelador por una hora y media.
4. Para el ganache:
5. Derretir la pasta de chocolate en el microondas.

6. Añade la crema espesa para batir.
7. Mezcla suavemente hasta que se compacte, o consigas una consistencia espesa.
8. Decora a gusto.

Con esta deliciosa receta, estamos disfrutando de una deliciosa combinación de sabores sin perder nuestra línea que sólo tiene:

- Hidratos de carbono: 3 g.
- Calorías: 300 g.
- Grasas: 35 g.
- Proteínas: 5 g.

GALLETAS DE COCO

Con sólo 3 ingredientes (no horneados)

- 3 tazas de copos de coco finamente rallados.
- 1 taza de aceite de coco
- ½ taza de edulcorante

Preparación:
1. En un bol, mezclar los ingredientes hasta obtener una masa manipulable.
2. Formen bolas uniformes y aplástenlas en forma de galleta.
3. Coloca cada galleta a un dedo de distancia en una bandeja con papel de pergamino.
4. Refrigerar hasta que esté firme

Esta deliciosa receta puede mantenerse cubierta a temperatura ambiente durante 7 días. Si sólo tienes la mezcla, puedes congelarla hasta 2 meses.

Recetas de Keto que necesitan un horno para su preparación

PASTEL DE CHOCOLATE O PASTEL DE CETOLATO

Ingredientes:

Para el pastel:
- 1 1/2 taza de harina de almendra
- 2/3 cucharadas de cacao en polvo sin azúcar
- 3/4 de taza de harina de coco
- 2 cucharadas de polvo de hornear
- 2 cucharadas de bicarbonato de sodio
- 500 gramos de mantequilla
- 1 taza de edulcorante
- 4 huevos
- 1 cucharada de vainilla
- 1 taza de leche de almendra
- 1/3 de taza de café

Para el glaseado:
- 60 gramos de queso crema
- 250 gramos de mantequilla
- ½ taza de edulcorante (o al gusto)
- 1/2 cucharada de cacao en polvo sin azúcar
- 1/2 cucharada de harina de coco
- 3/4 de taza de crema batida

Preparación:
1. Precalentar el horno a 350°.
2. Engrasa el molde donde se va a hornear el pastel.
3. En un gran tazón, combine todos los ingredientes secos
4. Con la ayuda de una batidora, mezclar todos los ingredientes líquidos.
5. Combina los ingredientes en un tazón
6. Hornea durante 30 minutos.
7. Preparación del esmalte: En un bol grande, con la ayuda de una batidora, mezclar el queso crema y la mantequilla hasta que se forme una mezcla suave, y luego añadir gradualmente el resto de los ingredientes.
8. Decorar y servir

GALLETAS CON CHISPAS DE CHOCOLATE

Ingredientes:

- 2 huevos
- 250 gramos de mantequilla derretida
- 2 cucharadas de crema batida
- 2 cucharaditas de vainilla
- 2 3/4 taza de harina de almendra
- 1/4 de taza de azúcar granulado keto-amigable
- 100 gramos de chocolate negro en gotas.

Preparación:

1. Precalentar el horno a 350°.
2. En un gran tazón mezclar el huevo y la mantequilla
3. Luego agrega la crema de espera y la vainilla y mezcla hasta que agregues los ingredientes secos.
4. Finalmente, agrega las chispas de chocolate.
5. Formen bolas uniformes y en una bandeja con papel pergamino, colóquenlas con tres dedos de separación.
6. Hornear durante 15 minutos

¿Qué otras bebidas aparte del agua puedo beber con la dieta Keto?

Entre los más destacados están:

- Infusiones de agua
- Café caliente o frío
- Té caliente o frío
- Sodas de dieta
- Smoothies keto

¿Cómo se hacen las infusiones de Keto?

Hacer infusiones es más sencillo de lo que te imaginas. Además de eso, son muy saludables dándonos la capacidad de hasta 4 litros para su preparación.

Infusión de fresa y pepino

Ingredientes:
- 500 g de fresas
- Rodajas de pepino
- 2 litros de agua

OTROS TIPOS DE BEBIDAS KETO

CHOCOLATE CALIENTE

Ingredientes:
- 2 cucharadas. Cacao en polvo sin azúcar.
- 2 1/2 cucharaditas de edulcorante
- 1 1/4 de taza de agua
- 1/4 de taza de crema pesada
- 1/4 de cucharadita de vainilla
- Crema batida al gusto, para decorar

Preparación:
1. En una cacerola, mezclar el cacao, el edulcorante y el agua a fuego medio-bajo hasta que se disuelva correctamente.
2. Aumenta el calor a medio y añade los ingredientes restantes, revolviendo constantemente.
3. Cuando esté lo suficientemente caliente, agregue la vainilla y sirva en una taza.

KETO SMOOTHIE

Ingredientes:
- Espinacas
- leche de coco
- proteína del suero,

- Almendras
- Fécula de patata dulce
- semillas de psyllium

Preparación:

Bata todos los ingredientes en la licuadora y sirva.

BATIDO DE FRESA

- 1 taza de fresas frescas
- 1 cucharadita de vainilla
- 1 cucharada de aceite de coco o de almendra
- 450 ml de leche de coco o yogur griego

Preparación:

Bata todos los ingredientes en la licuadora y sirva.

CHIA SHAKE

Ingredientes:

- 1 cucharada de semillas de chía (previamente remojadas en agua durante 10 minutos)
- ¼ taza de leche de coco
- 1 aguacate
- 1 cdta. de granos de cacao
- 1 cucharadita de cacao en polvo
- 1 cucharada de polvo de proteína
- 1 cucharada de aceite de coco

Preparación:

Mezclamos todos los ingredientes para que todos los ingredientes se mezclen correctamente si sientes que se ha vuelto espeso, puedes añadir un poco de agua.

Sirva y disfrute

BATIDO KETO GREEN

Ingredientes:
- Pepino
- Piña
- Kiwi
- Ginger
- Perejil
- 2 tazas de agua

Preparación:
Mezclar todos los ingredientes en una licuadora y servir.

¿Puedo beber alcohol si estoy en la dieta Keto?
Si ingerimos alcohol mientras seguimos la dieta keto, nuestro cuerpo lo utilizará como una forma de obtener energía antes de utilizar la grasa, pero esto podría ser contradictorio porque en el estado de cetosis buscamos que nuestro cuerpo queme grasa para obtener energía y así perder peso, por lo que la ingesta de alcohol podría lograr efectos contrarios a los que buscamos obtener.

CAPÍTULO 18: RECETAS DIFERENTES RÁPIDAS Y FÁCILES

Sabemos que el tiempo es dinero, pero eso no significa que sólo porque tengamos una agenda apretada en nuestra rutina diaria, no podamos permitirnos comer saludablemente. A continuación, les mostraremos recetas de alimentos saludables y deliciosos que pueden preparar en menos de 20 minutos.

ENSALADA RÁPIDA

Ingredientes:

- 40 gramos de hojas verdes (Lechuga o algo así)
- ½ cebolleta en rodajas
- 1 zanahoria
- 1/2 aguacate
- 20 gr. de pimentón
- 20 gr. de tomates
- 120 gramos de salmón o pollo ahumado
- ¼ taza de aceite de oliva

Preparación:

1. Primero, cortaremos todos los ingredientes a nuestra preferencia
2. En un tarro mediano (o a nuestro gusto) serviremos las hojas verdes del fondo, seguido de esto añadiremos el resto de los ingredientes, finalmente añadiremos el salmón o el pollo y el aceite de oliva.
3. De esta manera, tendremos un rápido y delicioso almuerzo.

TORTILLA DE HONGOS

Ingredientes:

- 4 huevos

- 25 g. de mantequilla
- 50 g. Queso rallado
- ¼ cebolla amarilla picada
- 4 setas, en rodajas
- sal y pimienta

Preparación:
1. En un bol, mezclar los huevos con un tenedor hasta que hagan espuma, luego agregar sal y pimienta a gusto.
2. En una sartén a fuego medio, freír los champiñones junto con la cebolla y la mantequilla hasta que estén cocidos.
3. Añade el huevo a la sartén.
4. Cuando la tortilla esté a medio cocer, añade el queso.
5. Usando una espátula, dobla la tortilla por la mitad para darle consistencia.
6. Sáquelo de la sartén y sírvalo.

COMIDA DE SALMÓN AHUMADO Y AGUACATE

Ingredientes:
- 250 g de salmón ahumado
- 2 aguacates
- sal y pimienta

Preparación:
1. Cortar el aguacate en tiras y ponerlo en un plato.
2. Sirve el salón
3. Añade sal y pimienta al gusto.

TOCINO CRUJIENTE

Ingredientes
- 400 g de tocino

- 1 coliflor
- 50 gramos de mantequilla
- sal y pimienta
- Petróleo

Preparación:
1. Cortar la coliflor en pequeños trozos
2. Picar el tocino en pequeños trozos
3. Fríe en una sartén con mantequilla hasta que esté dorada y crujiente.
4. Servir con sal y pimienta al gusto.

CARNE DE CANGREJO Y HUEVO

Ingredientes
- 3 huevos
- 500 g de carne de cangrejo enlatada
- 2 aguacates
- ½ taza de mayonesa
- 1½ oz. espinacas
- 2 cucharadas de aceite de oliva
- sal y pimienta

Preparación:
1. hervimos los huevos durante unos 10 minutos
2. Sazonamos la carne de cangrejo a su preferencia
3. Una vez que los huevos estén hervidos, quitaremos la cáscara.
4. Servir en un plato con aguacate picado en tiras
5. mezclar la mayonesa con la carne de cangrejo
6. Espolvorearemos aceite de oliva como condimento.

CONCLUSIÓN

Gracias por llegar hasta el final de Keto y el ayuno intermitente: Su guía esencial para una dieta baja en carbohidratos para perfeccionar el equilibrio mente-cuerpo, la pérdida de peso, con recetas ketogénicas para maximizar su salud, realmente esperamos que haya sido informativo y que haya podido aprender todas las herramientas que necesitaba para lograr su objetivo con la dieta keto, cualquiera que fuera.

Si estás leyendo esto, es porque lo hiciste a través del libro. Y por eso, queremos felicitarte, ya que significa que estás completamente decidido y avanzando para cambiar tu cuerpo, tu estilo de vida, y lo más importante, tu salud mental y física. Sabemos realmente que hacer tal cambio no es una tarea fácil, y es por eso que estamos muy contentos de que esté tan decidido e interesado en esta dieta.

Desde el momento en que compró este libro, se convirtió en un ganador. Te convertiste en un campeón. No todos son tan valientes como para atreverse a cambiar de manera tan drástica su nutrición y sus métodos de alimentación. La mayoría de la gente teme fracasar, pero lo que diferencia a la gente normal de la gente especial, la gente que tiene éxito, la gente que sale de la zona de confort, es la disciplina y la perseverancia para alcanzar sus objetivos.

Incluso si estás empezando y te resulta muy difícil, o si empezaste, pero lo dejaste, no te rindas, sigue presionando, sigue intentando y ve que empiezan a ocurrir cambios asombrosos e increíbles. Esto no sólo se aplica a esta dieta, sino a todo en la vida.

Por último, si usted encontró este libro útil de alguna manera, ¡una reseña sobre Amazon siempre es apreciada!

CPSIA information can be obtained
at www.ICGtesting.com
Printed in the USA
LVHW022327150621
690293LV00012B/718